AROMEN AV TJECKISKT KÖKET

Upptäck smakerna av det tjeckiska köket med de fantastiska och aptitretande recepten från det tjeckiska köket: Receptet för nationella rätter från Tjeckien

Ingrid Håkansson

Copyright Material ©2024

Alla rättigheter förbehållna

Ingen del av denna bok får användas eller överföras i någon form eller på något sätt utan korrekt skriftligt medgivande från utgivaren och upphovsrättsinnehavaren, förutom korta citat som används i en recension. Den här boken bör inte betraktas som en ersättning för medicinsk, juridisk eller annan professionell rådgivning.

INNEHÅLLSFÖRTECKNING

INNEHÅLLSFÖRTECKNING **3**
INTRODUKTION **6**
FRUKOST **7**
   1. ÄGGRÖRA MED ZUCCHINI OCH KANTARELLER 8
   2. CHLEBÍČKY (SMÖRGÅSAR MED ÖPPEN ANSIKTE) 10
   3. PALAČINKY (TJECKISKA PANNKAKOR) 12
   4. OVOCNÉ KNEDLÍKY (FRUKTDUMPLINGS) 14
   5. OMELETA S HOUBOVÝM NÁDIVKEM (SVAMPOMELETT) 16
   6. TVAROHOVÉ NÁKYPY (HUSOSTGRYTA) 18
   7. ŠUNKOVÁ POMAZÁNKA (SKINKSPÅN) 20
   8. ČESKÝ MÜSLI (TJECKISK MÜSLI) 22
   9. TJECKISKA POTATISPANNKAKOR 24
APTITRETARE & SNACKS **26**
   10. KOLÁČKY (FRUKTFYLLDA BAKVERK) 27
   11. UTOPENEC (INLAGD KORV) 29
   12. BRAMBORÁKY (POTATISPANNKAKOR) 31
   13. ZUCCHINI PICKLES 33
   14. SNABB INLAGD GURKA 35
   15. TJECKISK INLAGD SVAMP 37
   16. KESO PÅLÄGG MED PEPPARROT 39
   17. TRADITIONELLA TJECKISKA MUNKAR 41
   18. TJECKISK PIZZA 44
   19. PIEROGI BITES 46
   20. GURKOR I KOKOSGRÄDDE 48
   21. SVAMP BOVETESKÅL 50
   22. S LÅGROSTAD PURJOLÖK 53
   23. RÖKIG LÖK OCH VALLMOFRÖN BIALYS 55
   24. COCONUT P ACZKI 58
   25. KÅLRABISSCHNITZEL 60
   26. TJECKISKA PANNKAKOR MED JÄST 62
HUVUDRÄTT **64**
   27. MARINERAD NÖTKÖTT MED GRÄDDSÅS 65
   28. FLÄSK MED DUMPLINGS OCH SURKÅL 67
   29. TOMATSÅS MED KYCKLING 69
   30. SMAŽENÝ SÝR (STEKT OST) 71
   31. DUMPLINGS MED KÅL OCH RÖKT KÖTT 73
   32. HOVĚZÍ GULÁŠ (NÖTGULASCH) 75
   33. SVÍČKOVÁ NA HOUBÁCH (RYGGBIFF MED SVAMP) 77
   34. HELSTEKT ANKA MED SUR SÅS 79
   35. BRAMBOROVÝ GULÁŠ (POTATISGULASCH) 81
   36. SPENAT MED POTATISDUMPLINGS 83

37. Utopenci (inlagd korv) 85
38. Svampsås med pasta 87
39. Vegetariska bigos 89
40. Schlesiska dumplings 91
41. Ris med äpplen 93
42. Tjeckiska nudlar och dumplings 95
43. Macaroni med jordgubbar 97
44. Tjeckiska kålrullar 99
45. Tjeckisk Knedle med plommon 101

SOPPAR 103
46. Tarator (Gurksoppa) 104
47. Potatissoppa 106
48. Tjeckisk gulasch (Skvělý Hovězí Guláš) 108
49. Syrlig picklesoppa 110
50. Borsjtj 112
51. Jordgubbs- / blåbärssoppa 114
52. Kålsoppa 116
53. Vegetarisk soppa 118
54. Tomatsoppa 120
55. Pickle soppa 122
56. Sur rågsoppa 124
57. Kyld rödbetssoppa 126
58. Fruktsoppa 128
59. Potatissoppa 130
60. Citronsoppa 132
61. Tjeckisk kålrabbisoppa 134
62. Sparris soppa 136

SALLADER OCH SIDOR 138
63. Bramborový Salát (potatissallad) 139
64. Tomatsallad med mozzarella 141
65. Okurkový Salát (Gurksallad) 143
66. Houbový Salát (svampsallad) 145
67. Knedlíky (tjeckiska bröddumplings) 147
68. Zelí (tjeckisk surkål) 149
69. Karp med potatissallad 151
70. Špenátová Kase (gräddad spenat) 153
71. Rödbetssallad (ćwikła) 155
72. B upphöjd rödkål med hallon 157
73. Selleri och apelsinsallad 159
74. Grönsakssallad 161
75. Söt och sur rödkål 163

DESSERTER 165
76. Jablečný Závin (Apple Strudel) 166

77. Pumpajäst bundt tårta 168
78. Wafers 170
79. Jul äppelpaj 172
80. Potatis pepparkakor 174
81. Plommongryta 176
82. Marmelad 178
83. tjeckiska Kisiel 180
84. Tjeckisk vaniljkrämpudding 182
85. Czech Cream Fudge 184
86. tjeckiska Mandel i Choklad Plums 186
DRYCK 188
87. Tjeckisk Holiday Punch 189
88. Surkörsbärslikör 191
89. Glöggvodka 193
90. Lila plommonlikör 195
91. Juniper Beer 197
92. Rabarberlemonad 199
93. Hot Mead 201
94. Tjeckiskt kaffe 203
95. Citron och gurka kylare 205
96. Tjeckisk varm choklad 207
97. Körsbär Martini 209
98. Rapphöna i ett Päronträd 211
99. Tjeckisk Strawberry Cordial 213
100. Tjeckisk ananasvodka 215
SLUTSATS 217

INTRODUKTION

Välkommen till "AROMEN AV TJECKISKT KÖKET", en sensorisk resa genom 100 aromer från bohemiska kök som definierar den rika och smakrika världen av tjeckisk matlagning. Den här boken är en hyllning till de aromatiska och tröstande traditioner som har format det tjeckiska köket, och inbjuder dig att utforska regionens dofter, smaker och kulinariska arv. Följ med oss när vi fördjupar oss i de hjärtvärmande aromerna som kommer från bohemiska kök, och skapar en symfoni av härliga dofter som fångar essensen av tjeckisk matlagning.

Föreställ dig ett kök fyllt med lockande dofter av salta grytor, nybakade bakverk och rejäla dumplings. "AROMEN AV TJECKISKT KÖKET" är mer än bara en samling recept; det är en resa in i den tjeckiska matlagningens kulturella och kulinariska gobeläng, där varje doft berättar en historia om tradition, värme och glädjen att samlas runt bordet. Oavsett om du har tjeckiska rötter eller helt enkelt dras till smakerna av det centraleuropeiska köket, är dessa recept skapade för att inspirera dig att återskapa de autentiska aromerna som gör den tjeckiska matlagningen så speciell.

Från klassisk gulasch till söta kolaches, varje arom är en hyllning till de olika och tröstande smaker som definierar det tjeckiska köket. Oavsett om du planerar en familjemiddag eller utforskar läckerheten i tjeckiska bakverk, är den här boken din bästa resurs för att uppleva hela spektrat av bohemiska aromer.

Följ med oss när vi ger oss ut på en aromatisk resa genom "AROMEN AV TJECKISKT KÖKET", där varje skapelse är ett bevis på de dofter och smaker som definierar den tjeckiska matlagningens hjärtevärmande traditioner. Så, ta på dig ditt förkläde, omfamna de inbjudande aromerna och låt oss dyka in i de härliga dofterna som gör det tjeckiska köket till en verkligt sensorisk upplevelse.

FRUKOST

1. Äggröra med zucchini och kantareller

INGREDIENSER:
- 4 ägg
- 1/2 zucchini, skär i tunna skivor
- stor näve kantareller, stora halverade
- 50 gram korv, skuren i tunna skivor
- 1 liten lök, fint tärnad
- 50 g riven mozzarella
- 1 msk smör
- 1/3 kopp mjölk eller grädde
- peppar, salt

INSTRUKTIONER:
a) I en medelstor skål, vispa ägg med mjölk eller grädde.
b) Lägg smöret i medelstor panna på medelvärme, tillsätt korv, lök och koka i 2-3 minuter. Tillsätt sedan zucchinin med svamp och koka tills den mjuknat.
c) Sänk värmen till låg, tillsätt äggblandningen, koka tills de är förvrängda efter eget tycke, rör sedan i mozzarellan.
d) Smaka av med salt och peppar och servera med rostat bröd.

2.Chlebíčky (smörgåsar med öppen ansikte)

INGREDIENSER:
- Skivat bröd
- Smör
- Skinka eller salami
- Ost
- Hårdkokta ägg
- Färska grönsaker (t.ex. tomater, gurka)
- Majonnäs
- Senap
- Färsk persilja (för garnering)

INSTRUKTIONER:
a) Bred smör på det skivade brödet.
b) Varva med skinka eller salami, ost och skivor av hårdkokta ägg.
c) Lägg färska grönsaker ovanpå.
d) Ringla över majonnäs och senap.
e) Garnera med färsk persilja.

3.Palačinky (tjeckiska pannkakor)

INGREDIENSER:
- 2 koppar universalmjöl
- 2 dl mjölk
- 2 stora ägg
- 2 matskedar socker
- 1/2 tsk salt
- Smör (för att smörja pannan)

INSTRUKTIONER:
a) I en skål, vispa ihop mjöl, mjölk, ägg, socker och salt tills det är slätt.
b) Hetta upp en panna och smörj med smör.
c) Häll en slev smet på pannan, snurra runt för att täcka botten.
d) Koka tills kanterna lyfts, vänd sedan och tillaga den andra sidan.
e) Upprepa tills smeten är klar.

4. Ovocné Knedlíky (fruktdumplings)

INGREDIENSER:
- 2 koppar potatismos
- 2 koppar universalmjöl
- 2 stora ägg
- Salt
- Blandade frukter (plommon, jordgubbar)
- Smör
- Florsocker

INSTRUKTIONER:
a) Blanda potatismos, mjöl, ägg och en nypa salt till en deg.
b) Dela degen i delar och platta ut varje.
c) Placera en bit frukt i mitten och försegla sedan degen runt den.
d) Koka i saltat vatten tills dumplings flyter.
e) Låt rinna av, täck med smör och strö över strösocker.

5.Omeleta s Houbovým Nádivkem (svampomelett)

INGREDIENSER:
- 3 ägg
- 1/2 kopp svamp, skivad
- 1/4 kopp lök, finhackad
- 1/4 kopp paprika, tärnad
- Salta och peppra efter smak
- Smör eller olja för matlagning

INSTRUKTIONER:
a) Fräs svamp, lök och paprika i smör tills de är mjuka.
b) Vispa ägg och häll över grönsakerna i pannan.
c) Koka tills kanterna stelnat, vik sedan omeletten på mitten.
d) Krydda med salt och peppar.

6.Tvarohové Nákypy (Husostgryta)

INGREDIENSER:
- 2 dl keso
- 3 ägg
- 1/2 kopp socker
- 1/4 kopp mannagryn
- 1/4 kopp russin
- 1 tsk vaniljextrakt
- Smör (för smörjning)

INSTRUKTIONER:
a) Värm ugnen till 350°F (175°C) och smörj en ugnsform med smör.
b) Blanda keso, ägg, socker, mannagryn, russin och vaniljextrakt i en skål.
c) Häll blandningen i ugnsformen och grädda tills den stelnar och är gyllene.

7.Šunková Pomazánka (Skinkspån)

INGREDIENSER:
- 1 dl kokt skinka, finhackad
- 1/2 kopp färskost
- 2 msk majonnäs
- 1 msk dijonsenap
- Gräslök, hackad
- Salta och peppra efter smak

INSTRUKTIONER:
a) Kombinera hackad skinka, färskost, majonnäs, dijonsenap och gräslök i en skål.
b) Blanda tills det är väl blandat.
c) Krydda med salt och peppar efter smak.
d) Bred på bröd eller kex.

8.Český müsli (tjeckisk müsli)

INGREDIENSER:
- 1 kopp havregryn
- 1 kopp yoghurt
- 1/2 kopp mjölk
- 1 msk honung
- Färsk frukt (bär, bananskivor)
- Nötter och frön (valfritt)

INSTRUKTIONER:
a) Blanda havregryn, yoghurt, mjölk och honung i en skål.
b) Låt stå i kylen över natten eller i minst 30 minuter.
c) Innan servering, toppa med färsk frukt och valfria nötter och frön.

9.Tjeckiska potatispannkakor

INGREDIENSER:
- 2 stora rödbruna potatisar, råa
- 1/4 kopp lök
- 1 matsked mjöl
- 1/2 tsk salt
- Peppar efter smak
- 3 tsk olja, delad, för stekning

INSTRUKTIONER:
a) Kombinera skalad och hackad potatis och lök i en matberedare. Bearbeta i 30 sekunder, eller tills klumpar inte längre är synliga.

b) Låt rinna av i 5 minuter eller längre i en finmaskig sil över en skål.

c) Ta försiktigt bort den avrunna vätskan, men bevara den vita stärkelsen som samlats i botten.

d) Tillsätt den avrunna potatis/lökblandningen, mjöl, salt och peppar till stärkelsen.

e) Värm 1/2 tsk olja i en gjutjärnspanna på medelvärme. Fyll pannan med 1/4 koppar högar, platta ut var och en till en jämn tjocklek.

f) Koka i cirka 3 minuter på varje sida, tillsätt 1/2 tsk olja efter behov. Om du inte har gjutjärn, tillaga dem på medelhög, vilket tar lite längre tid.

aptitretare & SNACKS

10. Koláčky (fruktfyllda bakverk)

INGREDIENSER:
- Smördegsark
- Fruktsylt eller sylt (aprikos, plommon, hallon)
- Pulversocker för att pudra

INSTRUKTIONER:
a) Kavla ut smördegsark och skär i rutor.
b) Lägg en liten klick fruktsylt i mitten av varje ruta.
c) Vik degen över sylten, forma en triangel eller rektangel.
d) Tryck till kanterna för att täta och grädda tills de är gyllene.
e) Pudra över strösocker före servering.

11. Utopenec (inlagd korv)

INGREDIENSER:
- Tjeckisk korv (utopenec)
- Ättiksgurka
- Lök, tunt skivad
- Senap och bröd (valfritt)

INSTRUKTIONER:
a) Skiva korvarna och saltgurkan i lagom stora bitar.
b) Blanda med tunt skivad lök.
c) Servera som mellanmål med tandpetare.
d) Bred eventuellt senap på bröd och toppa med blandningen.

12. Bramboráky (potatispannkakor)

INGREDIENSER:
- 4 stora potatisar, rivna
- 1 lök, finhackad
- 2 ägg
- 3 matskedar universalmjöl
- Salta och peppra efter smak
- Olja för stekning

INSTRUKTIONER:
a) Riv potatis och krama ur överflödig fukt.
b) Blanda med hackad lök, ägg, mjöl, salt och peppar.
c) Hetta upp olja i en kastrull och droppa skedar av blandningen.
d) Platta till och stek tills de är gyllene på båda sidor.
e) Servera med gräddfil eller äppelmos.

13.Zucchini pickles

INGREDIENSER:
- 3 kg zucchini (en blandning av gult och grönt)
- 5 matskedar salt
- 500 g lök
- 500 g morot, strimlad
- 1 kg röd paprika, tärnad
- 250ml dubbel styrka (10%) vinäger
- 200 g strösocker
- 1 tsk kryddpepparbär
- 1/2 tsk malen chili
- 3 tsk vita senapsfrön
- 1 msk svartpepparkorn
- 1 tsk korianderfrön
- 6 lagerblad
- vegetabilisk olja

INSTRUKTIONER:
a) Tvätta zucchinierna noga men skala dem inte. Med en grönsaksskalare, strimla eller skiva i långa, tunna bitar. Lägg i en mixerskål och smaka av med 3 msk salt. Blanda alla ingredienser i en mixerskål och låt stå i 2 till 3 timmar.
b) Skala och skiva löken, lägg den sedan i en separat skål med resten av saltet och blanda väl. Tillåt 2 till 3 timmar för förberedelse.
c) Häll av vätskan som samlats i zucchini och lök. Kombinera zucchini, lök, strimlad morot och skivad paprika i en stor blandningsfat.
d) Koka upp vinäger i en kastrull, tillsätt sedan socker och kryddor (förutom lagerblad). Medan såsen fortfarande är varm, häll den över grönsakerna. 3 timmars marinering
e) a)Sterilisera burkar genom att överföra grönsaker och vätska till dem. Stäng burkarna med lock och tillsätt 1 lagerblad och 1 matsked olja till varje.
f) Placera burkarna i en stor kastrull fodrad med en ren kökshandduk och tillsätt tillräckligt med varmt vatten för att komma upp 3/4 av sidorna på burkarna.
g) Koka upp och bearbeta sedan i 20 till 30 minuter i ett kokande vattenbad i en kastrull fodrad med en ren handduk, med hett vatten som når 3/4 av burkarna.

14. Snabb inlagd gurka

INGREDIENSER:
- 1/2 lök, finhackad
- 75 ml vit vinäger
- 100 g strösocker
- 3/4 matsked salt
- 1 gurka, tvättad och tunt skivad

INSTRUKTIONER:

a) Kombinera hackad lök, vinäger, socker och salt i en liten bassäng.

b) Ställ i kylen i minst 30 minuter innan servering, släng med skivad gurka.

15.Tjeckisk inlagd svamp

INGREDIENSER:
- 1,5 kg små svampar
- 2 tsk salt
- 250ml 10% vit vinäger
- 750 ml vatten
- 1 lök, skivad i ringar
- 1 1/2 tsk salt
- 3 till 4 teskedar socker
- 10 svartpepparkorn
- 3 kryddpepparbär
- 1 lagerblad

INSTRUKTIONER:

a) Använd en torr trasa, putsa och rengör svampen. Koka i 30 minuter på låg värme efter att ha överförts till en kastrull med 2L kokande vatten och 2 msk salt.

b) Kombinera vinäger och 750 ml vatten i en mixerskål. Kombinera löken, 1 1/2 tsk salt, socker, pepparkorn, kryddpeppar och lagerblad i en stor blandningsskål. Koka upp och sänk sedan till låg värme i 5 minuter.

c) Placera kokta svampar i steriliserade små burkar efter avrinning. Stäng locken tätt och täck med varm saltlösning. Låt svalna innan den ställs i kylen i 3 till 4 veckor innan servering.

16. Keso pålägg med pepparrot

INGREDIENSER:
- 1 kopp keso
- 2 msk riven pepparrot
- Salta och peppra efter smak
- Hackad färsk dill
- Bröd eller kex till servering

INSTRUKTIONER:
a) Blanda keso och riven pepparrot i en skål.
b) Krydda med salt och peppar efter smak.
c) Strö hackad färsk dill ovanpå.
d) Bred på bröd eller kex.

17. Traditionella tjeckiska munkar

INGREDIENSER:
- 2 paket aktiv torrjäst (4 1/2 tsk)
- 1 1/2 koppar växtbaserad mjölk , varm, ca 110 F
- 1/2 kopp strösocker
- 1/2 kopp kokossmör , i rumstemperatur
- 1 msk konjak eller rom
- 1 tsk salt
- 4 1/2 till 5 koppar universalmjöl
- 1 liter vegetabilisk olja, för fritering
- Ca 1/2 kopp strösocker, för rullning
- Ca 1/2 kopp konditorsocker, för rullning
- 1 kopp sylt eller fruktpasta, för fyllning, valfritt

INSTRUKTIONER:
a) I en liten skål löser du upp jästen i den varma växtbaserade mjölken. Ställ åt sidan efter omrörning för att lösas upp.
b) Kombinera sockret och kokossmöret i en stor mixerskål eller en stående mixer med paddeltillbehör tills det skummar.
c) Vispa i konjak eller rom, samt saltet, tills det är väl blandat.
d) Använd paddelfästet och tillsätt växelvis 4 1/2 koppar mjöl och den växtbaserade mjölkjästblandningen. Vispa med maskin i 5 minuter eller längre tills den är slät, eller för hand längre.
e) Lägg degen i en oljad skål. Vänd kastrullen till smör på andra sidan.
f) Täck toppen med plastfolie och låt jäsa i 1 till 2 1/2 timme, eller tills den fördubblats i volym.
g) Mjöla en lätt mjölad yta och kavla ut degen. Klappa eller rulla till en tjocklek av 1/2 tum. För att undvika slöseri, använd en 3-tums kexskärare för att skära rundor tätt intill varandra.
h) Innan stekning täcker du plåten med en fuktig trasa och låter rundlarna jäsa tills de har dubbelt så mycket, ca 30 minuter.
i) Värm oljan i en stor stekpanna eller holländsk ugn till 350 grader F. Placera några stigande pczki i oljan uppifrån och ned (den torra sidan) och koka i 2 till 3 minuter, eller tills botten är gyllenbrun.
j) Vänd dem och koka i ytterligare 1–2 minuter, eller tills de är gyllenbruna. Se till att oljan inte blir för varm så att utsidan inte blir

brun innan insidan är färdig. Kolla en kall för att se om den är helt genomstekt. Tillagningstiden och oljevärmen bör anpassas därefter.

k) Medan den fortfarande är varm, rulla i strösocker. Om du vill fylla dem, gör ett hål i sidan av pczki och pressa en stor klick av valfri fyllning i den med en konditoripåse. Strö sedan strösocker, konditorsocker eller en glasyr över den fyllda pczkin.

l) Pczki håller inte bra, så ät dem direkt eller frys in dem om du vill ha den bästa smaken. Njut av.

18.Tjeckisk pizza

INGREDIENSER:
- 1 tsk kokossmör
- ½ lök, tärnad
- 1 (4 oz) burk skivad svamp, avrunnen
- Salt och peppar (efter smak)
- ½ fransk baguette, halverad på längden
- 1 c upp ost
- Ketchup (överst)

INSTRUKTIONER:
a) Värm ugnen till 400 grader Fahrenheit.
b) Hetta upp olja i en stor nonstick stekpanna. Fräs löken och svampen i 5 minuter, eller tills de är mjuka. Krydda med salt och peppar efter smak.
c) På en bakplåt, arrangera baguettehalvor (eller brödskivor). Tillsätt svampblandningen och osten på toppen.
d) Grädda i 10 minuter, eller tills osten är gyllenbrun och smält.
e) Servera med ketchup vid sidan av.

19. Pierogi Bites

INGREDIENSER:

- 14 baconskivor, halverade
- 12-ounce mini potatispierogier, tinade
- 1/4 kopp ljust farinsocker

INSTRUKTIONER:

a) Värm ugnen till 400°F. Använd matlagningsspray och täck en kantad bakplåt.
b) Linda bacon runt mitten av varje pierogi och lägg på plåt. Farinsocker ska vara jämnt fördelat.
c) Grädda i 18 till 20 minuter vid 350°F.

20. Gurkor i kokosgrädde

INGREDIENSER:
- 1 stor gurka med eller utan frön, tunt skivad
- 1 lök tunt skivad och delad i ringar
- 1/2 kopp kokosgrädde
- 1 tsk socker
- 2 tsk vit vinäger (valfritt)
- 1 msk hackad färsk dill
- salt och peppar

INSTRUKTIONER:
a) Blanda kokosgrädde, vinäger, socker och peppar i en serveringsskål.
b) Tillsätt gurkan och löken och rör om.

21. Svamp Boveteskål

INGREDIENSER:

- 2 lökar
- 1 morot
- 2 vitlöksklyftor
- 45 g kokossmör
- 150g knappsvamp
- 150 g bovete
- 1 lagerblad
- 1 grönsaksbuljongtärning
- En näve dill, bara blad
- 50 g raket
- 150g växtbaserad yoghurt
- Havssalt
- Nymalen peppar
- 1 tsk olivolja
- 400 ml kokande vatten

INSTRUKTIONER:
a) Skär löken i fina skivor efter att du skalat dem. Morötter ska skalas och finhackas. Vitlök ska skalas och rivs eller krossas.
b) Tillsätt löken, kokossmöret och en touch av salt och peppar i pannan. Koka och rör om i 5-8 minuter, eller tills löken är mosig och en djupt gyllene färg – sänk värmen om den får färg för mycket eller för snabbt.
c) Tillsätt morötter, vitlök och svamp i pannan och rör om för att kombinera. Koka i 5 minuter, rör om då och då, tills svampen är fuktig.
d) Tillsätt bovetet och lagerbladet och rör om. Smula sönder i fondkuben. Häll 400 ml kokande vatten i grytan.
e) Sjud i 12-15 minuter, eller tills vattnet har avdunstat och bovetet är mjukt men fortfarande fast.
f) Plocka de mjuka bladen från dillkvistarna och hacka dem grovt medan bovetet puttrar. Hacka raketen i små bitar.
g) Smaka av bovetet och smaka av med lite salt eller peppar om så önskas. Häll i merparten av dillen och rucola med en gaffel. Fyll uppvärmda skålar till hälften med bovete.
h) Garnera med skedar växtbaserad yoghurt och resterande rucola och dill.

22.S lågrostad purjolök

INGREDIENSER:
- 4 purjolök
- ¼ kopp olivolja
- 1 msk havssalt

INSTRUKTIONER:

a) Kasta purjolök med olivolja och salt i en stor blandningsfat tills den är väl täckt. Lägg purjolöken med skuren sida nedåt på en förberedd plåt.

b) Slå försiktigt in bakplåten i folie – den behöver inte vara helt tät, men den ska vara så tät som möjligt. Sätt tillbaka bakplåten i ugnen och sänk temperaturen till 300 grader.

c) Grädda i 15 till 30 minuter, eller tills purjolöken är mjuk. Ta ut plåten från ugnen och vänd på purjolöken. Återgå till ugnen, höj temperaturen till 400°F och grädda i 15-20 minuter, eller tills den är krispig och gyllenbrun.

23.Rökig lök och vallmofrön bialys

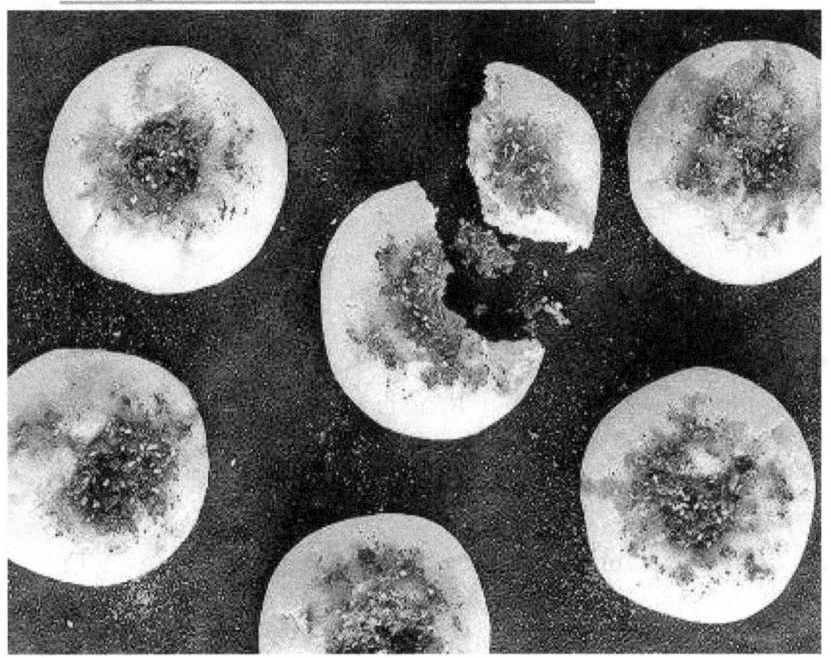

INGREDIENSER:
- lök 1 stor, skalad och tjockt skivad
- aktiv torkad jäst 1 tsk
- starkt vitt brödmjöl 300g
- vanligt mjöl 175g, plus mer för att pudra
- havssalt 1½ tsk
- vanligt mjöl 50g
- aktiv torkad jäst ½ tsk
- olivolja 1 msk
- rökt havssalt ¼ tsk
- söt rökt paprika ¼ tsk
- vallmofrön 1 tsk, plus en nypa extra för att strö över
- sesamfrön några nypor

INSTRUKTIONER:
a) Kombinera mjöl och jäst i en blandningsform med 50 ml varmt vatten, täck sedan med matfilm och ställ åt sidan över natten.
b) Börja degen dagen efter genom att lägga löken i en liten kastrull med 150 ml vatten. Värm vattnet tills det precis börjar bubbla, ta sedan bort det från värmen.
c) Ta ut ur ugnen och ställ åt sidan för att svalna till rumstemperatur. Häll vattnet i en måttkanna och se till att det är 150 ml; om det inte är det, lägg till mer. Ställ åt sidan löken till senare.
d) Under tiden kombinerar du jästen och 100 ml varmt vatten i en mixerskål och låt stå åt sidan i 10-15 minuter, eller tills det skummar.
e) Häll mjölet i en stavmixer försedd med degkrok och tillsätt poolish starter och lökvattnet när jästblandningen har skummat.
f) Börja blanda på låg hastighet för att kombinera degen, öka sedan till medelhastighet och knåda degen i 5 minuter.
g) Knåda i ytterligare en minut efter att du tillsatt saltet.
h) knåda i 10-15 minuter på en lätt mjölad arbetsyta med händerna). Låt degen bli dubbelt så stor i en varm miljö i upp till 2 timmar, täckt med oljad matfilm.
i) Slå ner degen några gånger för att slå tillbaka den, skär den sedan i 8 lika stora bitar.

j) Kavla ut degen till platta cirklar, stick hål i mitten för att ge en dopp för fyllningen och lägg på mjölat bakbord.
k) När alla former är färdiga täcker du löst med matfilm eller en fuktig kökshandduk. Låt jästiden ytterligare 20 minuter tills den är pösigt och rund.
l) Gör fyllningen medan degen jäser. Hacka den blancherade löken fint och lägg den i en liten kastrull med oljan. Stek tills det smält och gyllene, tillsätt sedan det rökta havssaltet och paprikan under konstant omrörning. Koka ytterligare några minuter, tillsätt sedan vallmofrön och en nypa svartpeppar. Häftigt
m) Värm ugnen till 220 grader Celsius/fläkt 200 grader Celsius/gas 7. När bialysen är klar att gräddas, lägg ca 1 matsked lök i mitten av varje och toppa med vallmofrön och sesamfrön.
n) Placera en vältad djup form ovanpå bialysen och lägg en ugnssäker vikt ovanpå - en stor ugnsform eller till och med ett block.
o) Grädda i 15 minuter, ta sedan bort formen och fortsätt grädda i ytterligare 5-8 minuter, tills bialysen är mjukt gyllene.

24. Coconut Pączki

INGREDIENSER:

- 1 1/3 kopp kokos växtbaserad mjölk
- 1/3 kopp socker
- 2 råga teskedar jäst
- 1/2 tsk salt
- 1 tsk vanilj
- Några shakes muskotnöt och kardemumma (valfritt)
- 2 3/4 koppar allroundmjöl

INSTRUKTIONER:

a) I en stor mixerskål, kombinera alla ingredienser utom mjölet.
b) Knåda bara degen tillräckligt för att få ihop den.
c) Täck bunken med plastfolie och låt jäsa i 2 timmar eller tills den fördubblats.
d) Häll försiktigt ut degen på ett mjölat bord. Skär i rundlar efter utrullning till en tjocklek av 1/2 tum.
e) Lägg munkarna på en bakplåtspapperklädd plåt som har mjölats. Täck med plastfolie och ställ åt sidan i ytterligare en timme eller så för att jäsa.
f) Värm lite vegetabilisk olja i din fritös.
g) Stek i 2-3 minuter per sida, låt rinna av på hushållspapper för att svalna innan du fyller på.
h) Använd en konditoripåse och spritspets, fyll med sylt eller vaniljsås och rulla i strösocker eller strösocker. Njut av!

25. Kålrabisschnitzel

INGREDIENSER:
- 1 stor kålrabbi
- frityrolja
- 1/4 kopp universalmjöl (du kan blanda det med besan eller sojamjöl)
- 1/2 kopp vatten
- 1/2 tsk paprikapulver
- 1/2 tsk salt

BRÖDNING
- 1/3 kopp brödsmulor
- 1/2 tsk salt
- 1/2 tsk paprikapulver
- 1 tsk krossade pumpafrön (valfritt)
- 1 tsk sesamfrön (valfritt)

INSTRUKTIONER:
a) Tvätta kålrabbin och ta bort eventuella kvarvarande blad. kålrabbi ska skäras i 4-6 skivor (cirka 1/3 tum tjocka). Använd en grönsaksskalare och ta bort det yttre lagret.
b) Koka upp vatten i en stor gryta och lägg i kålrabbiskivorna. Låt koka i 10 minuter. I mitten ska de börja bli genomskinliga. Töm dem sedan, torka dem med hushållspapper och ställ dem att svalna.
c) Kombinera brödingredienserna i en separat skål.
d) Klä kålrabbiskivorna i paneringen när de är tillräckligt svala för att hantera.
e) Hetta upp frityroljan i en stor panna (tillräckligt för att täcka botten) och tillsätt den panerade kålrabbischnitzeln. Koka i cirka 5 minuter per sida på medelhög värme. På båda sidor ska de vara gyllene och krispiga.
f) Lägg dem på hushållspapper för att absorbera överflödig olja efter stekning och njut!

26. Tjeckiska pannkakor med jäst

INGREDIENSER:
- 225 g universalmjöl
- 240 ml varm växtbaserad mjölk
- 1⅙ tsk snabbverkande jäst ca. 4 g
- 1 msk socker
- Nypa salt
- 5 msk vegetabilisk olja
- För kompotten
- 1,5 dl färska eller frysta bär
- 1 msk lönnsirap
- ¼ tsk vaniljstångspasta eller extrakt

INSTRUKTIONER:
a) Värm ugnen till lägsta möjliga inställning.
b) Vispa jästen och sockret i den varma växtbaserade mjölken i en stor blandningsskål i cirka 30 sekunder.
c) Häll i mjölet, tillsätt en nypa salt och rör om i 2-3 minuter. Täck skålen med en duk och ställ in i mitten av ugnen i 50-60 minuter tills den är dubbelt så stor.
d) Hetta upp 1-2 teskedar olja i en stor panna, sänk sedan värmen och släpp ner skedar smet i pannan (utan att överfulla den). Smeten kommer att bli kladdig.
e) Stek pannkakorna i cirka 2 1/2 minut på varje sida på låg värme. Servera direkt.
f) För att förbereda fruktkompotten, kombinera frukt, lönnsirap och vanilj i en kastrull och koka i 5 minuter på medelvärme, eller tills frukten mjuknar och börjar släppa saft.

HUVUDRÄTT

27.Marinerad nötkött med gräddsås

INGREDIENSER:
- 2 pund oxfilé
- 2 lökar, hackade
- 2 morötter, hackade
- 2 stjälkar selleri, hackade
- 2 dl nötbuljong
- 1 kopp tung grädde
- 1/2 kopp vitvinsvinäger
- 1/4 kopp vegetabilisk olja
- 3 matskedar universalmjöl
- 2 msk dijonsenap
- Salta och peppra efter smak
- 1 lagerblad
- 5 hela kryddpepparbär

INSTRUKTIONER:
a) Marinera nötkött i en blandning av lök, morötter, selleri, vinäger, olja, salt och peppar i flera timmar.
b) Ta bort nötköttet från marinaden, stek tills det får färg.
c) Överför till en kastrull, tillsätt marinad, nötbuljong, lagerblad och kryddpeppar.
d) Sjud tills köttet är mört.
e) Ta bort köttet, sila av buljongen och tillsätt grädde, mjöl och senap.
f) Koka tills såsen tjocknar. Skiva nötkött och servera med såsen.

28.Fläsk med dumplings och surkål

INGREDIENSER:
- 2 pund fläskaxel, skivad
- 1 lök, hackad
- 2 vitlöksklyftor, hackade
- 1 tsk kumminfrön
- Salta och peppra efter smak
- 4 koppar surkål
- 1 matsked vegetabilisk olja
- Dumplings (köpta i butik eller hemgjorda)

INSTRUKTIONER:
a) Krydda fläsk med salt, peppar och kummin.
b) Bryn fläsket i olja tills det får färg.
c) Tillsätt lök och vitlök, koka tills det mjuknat.
d) Tillsätt surkål, täck och låt sjuda tills fläsket är kokt.
e) Förbered dumplings enligt förpackning eller recept.
f) Servera fläsk över dumplings med surkål.

29. Tomatsås med kyckling

INGREDIENSER:
- 4 kycklingbröst
- 2 matskedar vegetabilisk olja
- 1 lök, hackad
- 2 vitlöksklyftor, hackade
- 2 dl tomatpuré
- 1 dl kycklingbuljong
- 1 tsk socker
- 1 tsk torkad mejram
- Salta och peppra efter smak
- 1/2 kopp tung grädde (valfritt)

INSTRUKTIONER:
a) Krydda kycklingen med salt och peppar.
b) Bryn kycklingen i olja tills den fått färg, ta ut den från pannan.
c) Fräs lök och vitlök tills de är mjuka.
d) Tillsätt tomatpuré, kycklingbuljong, socker och mejram.
e) Lägg tillbaka kycklingen i pannan och låt puttra tills den är genomstekt.
f) Rör i grädde om så önskas. Servera över ris eller pasta.

30. Smažený Sýr (stekt ost)

INGREDIENSER:
- 4 skivor Edam eller Gouda ost
- 1 kopp ströbröd
- 2 ägg, vispade
- Mjöl för muddring
- Vegetabilisk olja för stekning
- Tartarsås till servering

INSTRUKTIONER:
a) Muddra ostskivorna i mjöl.
b) Doppa i uppvispade ägg och täck med ströbröd.
c) Hetta upp olja i en panna och stek osten tills den är gyllenbrun.
d) Servera med tartarsås och garnera med citron.

31. Dumplings med kål och rökt kött

INGREDIENSER:
- 4 dl mjölig potatis, skalad och riven
- 2 dl mjöl
- 2 ägg
- Salt
- 1 litet kålhuvud, strimlat
- 1 pund rökt kött (t.ex. rökt fläsk)
- Smör till servering

INSTRUKTIONER:
a) Blanda riven potatis, mjöl, ägg och en nypa salt till en dumplingsdeg.
b) Forma dumplings och koka tills de flyter.
c) Fräs strimlad vitkål tills den är mjuk.
d) Skiva rökt kött och servera med dumplings och kål.
e) Toppa med smält smör.

32. Hovězí Guláš (nötgulasch)

INGREDIENSER:
- 2 pund nötköttsgryta, i tärningar
- 2 lökar, fint hackade
- 3 vitlöksklyftor, hackade
- 2 matskedar söt paprika
- 1 tsk kumminfrön
- 2 msk tomatpuré
- 2 dl nötbuljong
- Salta och peppra efter smak
- Olja för matlagning

INSTRUKTIONER:
a) Bryn nötköttstärningarna i olja tills de fått färg.
b) Tillsätt lök och vitlök, koka tills det mjuknat.
c) Rör ner paprika, kummin och tomatpuré.
d) Häll i nötbuljong, smaka av med salt och peppar.
e) Sjud tills köttet är mört och såsen tjocknar.

33.Svíčková na Houbách (ryggbiff med svamp)

INGREDIENSER:
- 2 pund oxfilé
- 1 lök, finhackad
- 2 vitlöksklyftor, hackade
- 1 dl svamp, skivad
- 1 dl nötbuljong
- 1 kopp tung grädde
- 2 matskedar vegetabilisk olja
- 2 matskedar mjöl
- Salta och peppra efter smak

INSTRUKTIONER:
a) Bryn nötköttet i olja tills det får färg, ta ur pannan.
b) Fräs lök, vitlök och svamp tills de är mjuka.
c) Rör ner mjöl och tillsätt gradvis nötbuljong och grädde.
d) Lägg tillbaka nötköttet i pannan och låt sjuda tills det är genomstekt.
e) Krydda med salt och peppar.

34. Helstekt anka med sur sås

INGREDIENSER:
- 1 hel anka, rengjord och torkad
- Salta och peppra efter smak
- 1 lök, i fjärdedelar
- 2 äpplen, urkärnade och skivade
- 1 dl kyckling- eller grönsaksbuljong
- 1 kopp gräddfil
- 2 matskedar mjöl
- 2 matskedar socker

INSTRUKTIONER:
a) Krydda ankan med salt och peppar.
b) Fyll ankan med lökkvarter och äppelskivor.
c) Rosta ankan i ugnen tills den är gyllenbrun och genomstekt.
d) Blanda mjöl och socker i en kastrull, tillsätt buljong och gräddfil.
e) Koka tills såsen tjocknar, servera med den stekta ankan.

35.Bramborový Guláš (potatisgulasch)

INGREDIENSER:
- 4 stora potatisar, skalade och tärnade
- 1 lök, finhackad
- 2 vitlöksklyftor, hackade
- 2 matskedar söt paprika
- 1 tsk kumminfrön
- 1 dl grönsaks- eller nötbuljong
- 2 msk tomatpuré
- 2 matskedar vegetabilisk olja
- Salta och peppra efter smak
- Färsk persilja till garnering

INSTRUKTIONER:
a) I en gryta, fräs lök och vitlök i vegetabilisk olja tills de är mjuka.
b) Tillsätt tärnad potatis, paprika och kummin. Koka i några minuter.
c) Rör ner tomatpuré och häll i buljongen.
d) Sjud tills potatisen är mjuk. Krydda med salt och peppar.
e) Garnera med färsk persilja innan servering.

36.Spenat med potatisdumplings

INGREDIENSER:
- 1 pund färsk spenat, tvättad och hackad
- 4 stora potatisar, kokta och mosade
- 1 kopp mjöl
- 2 ägg
- Salta och peppra efter smak
- Smör till servering

INSTRUKTIONER:
a) Blanda potatismos, mjöl, ägg, salt och peppar till en dumplingsdeg.
b) Forma dumplings och koka tills de flyter.
c) Fräs hackad spenat i smör tills den är vissen.
d) Servera spenat över potatisdumplings. Tillsätt mer smör om så önskas.

37. Utopenci (inlagd korv)

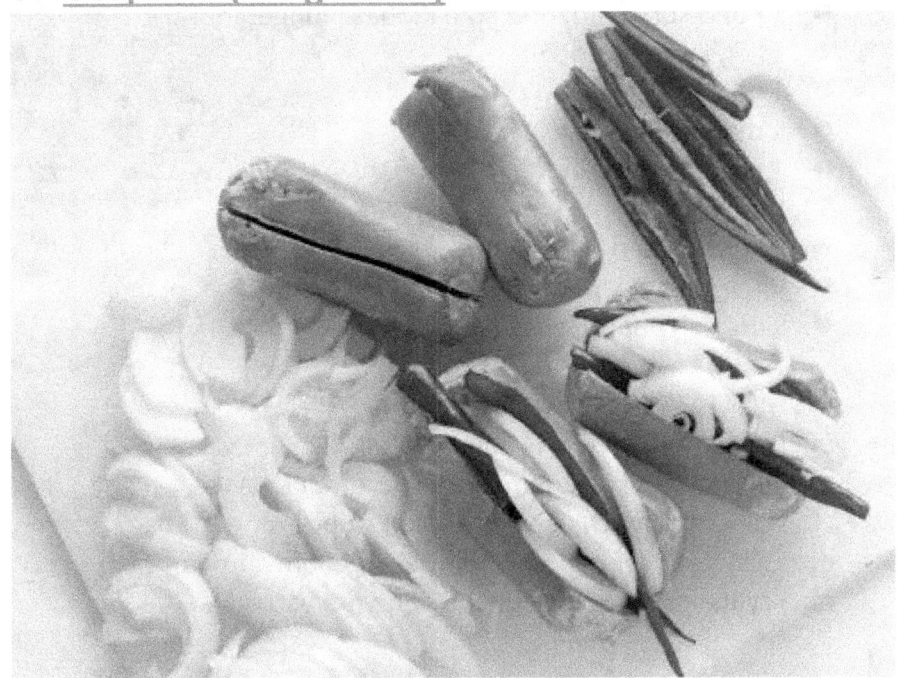

INGREDIENSER:
- 1 pund korv (varianter som Klobása fungerar bra)
- 1 lök, tunt skivad
- 1 matsked olja
- 1 matsked paprika
- 1 tsk kumminfrön
- 1 tsk socker
- 1 kopp vatten
- Vinäger efter smak
- Salta och peppra efter smak

INSTRUKTIONER:
a) Fräs skivad lök i olja i en panna tills den är gyllene.
b) Tillsätt paprika, kummin och socker. Blanda väl.
c) Häll i vatten och vinäger. Låt koka upp.
d) Tillsätt korvar och koka tills de är genomvärmda.
e) Krydda med salt och peppar. Servera varm.

38. Svampsås med pasta

INGREDIENSER:
- 2 dl svamp, skivad
- 1 lök, finhackad
- 2 vitlöksklyftor, hackade
- 1 dl grönsaks- eller kycklingbuljong
- 1 kopp tung grädde
- 2 msk smör
- 2 matskedar mjöl
- Salta och peppra efter smak
- Färsk persilja till garnering
- Kokt pasta

INSTRUKTIONER:

a) Fräs lök och vitlök i smör tills den mjuknat i en stekpanna.

b) Lägg i skivade svampar och koka tills de släpper ut sin fukt.

c) Strö mjöl över svampen, rör om väl.

d) Häll i buljong och grädde, rör hela tiden tills såsen tjocknar.

e) Krydda med salt och peppar. Servera över kokt pasta, garnerad med färsk persilja.

39. Vegetariska bigos

INGREDIENSER:
- 1 c torkad svamp
- 2 medelstora lökar, hackade
- 2 msk olja
- 8-10 oz / 250 g färsk knappsvamp
- 1/2 tsk salt
- 1/4 - 1/2 tsk mald peppar
- 5 - 6 pepparkorn och kryddpepparbär
- 2 lagerblad
- 1 morot
- 15 katrinplommon
- 1 tsk spiskummin
- 1 msk rökt paprika
- 3 msk tomatpuré
- 1 c torrt rött vin
- 1 huvud medelstor kål

INSTRUKTIONER:

a) Blötlägg torkad svamp i vatten i minst en timme.

b) Hetta upp olja i en stor kastrull och fräs hackad lök. Rengör och skiva svampen och lägg sedan till dem i löken när de har börjat få färg runt kanterna. Fortsätt sautera med salt, krossad peppar, pepparkorn, kryddpeppar och lagerblad.

c) Morötter ska skalas och strimlas. Kasta ner i grytan.

d) Rör ner katrinplommon i fjärdedelar, spiskummin, rökt paprika, tomatpuré och vin.

e) Kål ska delas i fjärdedelar och skivas. Blanda ihop allt i grytan.

f) Täck över och koka kål tills den har minskat i volym något. Koka i ytterligare 10 minuter, eller tills kålen är mjuk.

40. Schlesiska dumplings

INGREDIENSER:
- 6 till 7 medelstora potatisar, skalade
- 1 jämn matsked salt
- 120g potatisstärkelse, efter behov

INSTRUKTIONER:
a) Koka potatisen mjuk i saltat vatten. Låt rinna av och mosa med en potatisstöt tills den är slät. För att göra ett jämnt lager potatis på botten av pannan, tryck ner med händerna.
b) Skär potatisskiktet i fyra lika stora halvor med hjälp av en kniv. Ta bort en komponent och fördela den jämnt mellan de återstående tre. Endast en fjärdedel av pannan kommer att användas.
c) Tillsätt tillräckligt med potatismjöl för att fylla den tomma fjärdedelen till samma nivå som potatisskiktet. Mjölbeläggningen ska jämnas ut.
d) Koka upp vatten i en stor kastrull.
e) Gör små valnötsstora bollar med händerna. Platta till något och använd tummen för att sticka ett hål i mitten.
f) Tillsätt några dumplings i det kokande vattnet, var noga med att inte överfulla pannan. Rör om med en träslev så att de inte fastnar i botten av pannan och koka tills de flyter upp till toppen. Ta bort kycklingen med en hålslev och servera med sås eller grädde.

41.R is med äpplen

INGREDIENSER:
- 2 koppar ris
- 4 koppar växtbaserad mjölk
- 1/2 tsk salt
- 4 syrliga äpplen
- 1/4 tsk mald muskotnöt
- 2 msk socker
- 1/12 tsk kanel
- 1 tsk vanilj
- 2 tsk + 2 tsk kokossmör

INSTRUKTIONER:

a) Värm växtbaserad mjölk med salt i en medelstor kastrull. Tillsätt det tvättade riset och koka på låg värme tills det är klart.

b) Fortsätt att röra riset. Skrapa av den bara om den fastnar i botten. Fortsätt att röra försiktigt tills riset är klart.

c) Värm ugnen till 350 grader Fahrenheit (180 grader Celsius).

d) Strimla äpplena i en grönsaksförstörare efter att du skalat och urkärnat dem. Koka tills vätskan har avdunstat i en torr panna med muskotnöt.

e) Tillsätt socker, kanel och vanilj till det kokta riset. Rör ihop allt ordentligt.

f) Smörj en 8 × 8 tum (20 × 20 cm) form med kokossmör. Hälften av riset ska hamna i botten av pannan, följt av alla äpplen och resten av riset. Ovanpå läggs tunna skivor kokossmör.

g) Koka i 20 minuter. Servera varm eller kyld.

42. Tjeckiska nudlar och dumplings

INGREDIENSER:
- 2 paket torrjäst
- 4 tsk socker
- 1 kopp plus 2 matskedar varm växtbaserad mjölk
- 1 pund allsidigt mjöl
- 1 tsk salt
- 3 msk kokossmör, smält

INSTRUKTIONER:
a) Gör en svamp i en liten skål genom att lösa upp jäst och socker i växtbaserad mjölk och blanda i 1/2 dl mjöl.
b) Kombinera det återstående mjöl-, salt- och jästblandningen i en stor blandningsfat. Blanda i cirka 5 minuter för hand eller maskin, eller tills det blir blåsor och lossnar från skålens sida. Blanda i det avsvalnade smälta kokossmöret ordentligt.
c) Låt jäsa tills den blivit dubbelt så stor. Vänd ut på mjölat bakbord och knåda i ytterligare mjöl om degen är för kladdig. Skär med en 3-tums skärare eller glas efter att ha klappat ner till en 1-tums tjocklek. Skrot kan rullas om och skäras en andra gång. Låt jäsa till två gånger storleken.
d) Fyll två stora krukor till 3/4 fulla med vatten under tiden. Knyt en cirkel av mjölsäckar eller annat luddfritt material över grytorna med slaktsnöre och låt vattnet koka upp. Placera så många dumplings som får plats i behållaren.
e) Ångkoka dumplings i 15 minuter med locket ovanpå kastrullen. Klimparna kommer att kollapsa om locket lyfts under ångningsprocessen.
f) Alternativt, ställ en stänkskärm ovanpå grytan, lägg till så många dumplings som passar utan att röra, täck sedan med en värmesäker plastskål som har vänts upp och ned.
g) Ställ dumplingsna att svalna på galler. Frys in eller förvara dumplings i en zip-top-påse i kylen.

43. Macaroni med jordgubbar

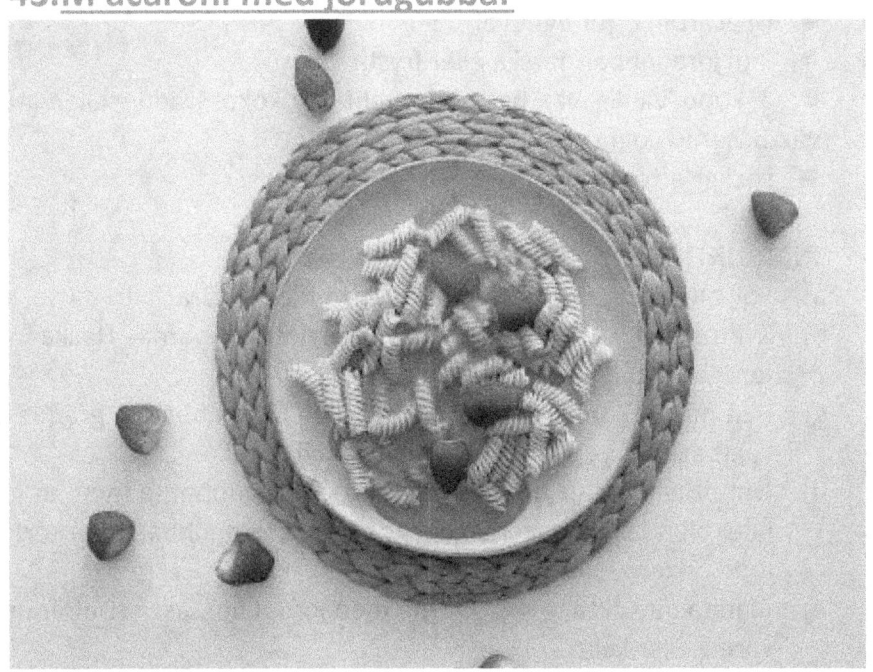

INGREDIENSER:
- M acaroni efter eget val
- 3 dl jordgubbar, färska eller frysta
- 1 kopp vanlig växtbaserad yoghurt , kokosgrädde eller grekisk växtbaserad yoghurt
- socker efter smak

INSTRUKTIONER:
a) Följ anvisningarna på förpackningen för att göra valfri pasta.
b) Tvätta och ta bort stjälkarna från jordgubbarna. Hacka några jordgubbar att lägga ovanpå rätten.
c) I en mixer, kombinera de återstående jordgubbarna, grädde eller växtbaserad yoghurt, socker och vaniljextrakt.
d) Om du vill ha en tjockare sås, mosa jordgubbarna med en gaffel eller blanda dem i omgångar, ge de sista jordgubbarna en kort blixt med mixern.
e) Blanda de kokta makaronerna med jordgubbssåsen. Det är utsökt varmt eller kallt.

44. Tjeckiska kålrullar

INGREDIENSER:
- 1 huvud vitkål
- 120g bovetegryn
- 3 msk kokossmör
- 2 matskedar olivolja
- 1 lök, hackad
- 1 vitlöksklyfta, hackad
- 300 g svamp, hackad
- 1 msk torkad mejram
- 2 grönsaksbuljongtärningar
- sojasås efter smak
- salt och peppar efter smak

INSTRUKTIONER:

a) Koka upp i en stor vattenkokare. Ta bort kärnan från kålen innan du lägger den i grytan. När de yttre bladen mjuknar, ta bort dem. Den tjocka delen av kålspjällen ska putsas. Ta bort från ekvationen.

b) Under tiden förbereder du bovetegrynen enligt förpackningens riktlinjer. Låt rinna av och håll 1 msk kokossmör åt sidan.

c) Hetta upp oljan i en stekpanna och fräs lök och vitlök.

d) Smält 1 msk kokossmör i samma stekpanna och sautera svamp. Släng i bovetet och löken som har sauterats. Mejram, sojasås, salt och peppar efter smak. Blanda noggrant.

e) Lägg små eller trasiga kålblad i botten av en gryta. I mitten av varje blad, lägg till cirka 2 teskedar fyllning.

f) Stoppa kålens skaft över fyllningen och vik sedan in sidorna av kålen över den. Gör ett paket av kålen genom att rulla ihop den och överlappa ändarna för att täta den. Lägg var och en i den förberedda grytformen, med skarven nedåt.

g) Lös upp buljongtärningarna i en 500 ml måttbägare och häll över kålrullarna. Tillsätt det sista av kokossmöret. Täck med resten av kålbladen.

h) Sjud på låg värme i 30 till 40 minuter.

45.Tjeckisk Knedle med plommon

INGREDIENSER:
- 10 (350 g) potatis kokta, kylda och skalade
- 1/2 kopp havremjöl
- 1/4 kopp äppelmos
- 12-14 eller 7-8 plommon

INSTRUKTIONER:
a) Koka potatisen och ställ den att svalna.
b) Om du använder stora plommon, skär dem på mitten.
c) Bearbeta potatisen med en potatispressar.
d) Knåda ihop potatisris, havremjöl och äppelmos tills en fast deg bildas. (Det blir lite klibbigt.)
e) Kavla ut degen på en plan yta och skär den i 12-14 lika stora runda bitar.
f) För små cirklar, kavla ut degen.
g) Försegla varje cirkel genom att placera en plommon-/plommonhalva i mitten. Det är en bra idé att ha blöta händer eftersom det hjälper till att täta knäet lättare.
h) Koka upp vattnet i en stor gryta.
i) Sänk värmen till låg och låt vattnet skimra innan du lägger till 3-4 knedle i kastrullen.
j) Koka i cirka 5 minuter när de når vattenytan.

SOPPAR

46. Tarator (Gurksoppa)

INGREDIENSER:
- 1 gurka
- 1 kopp yoghurt
- Lite dill
- Flera valnötter
- Salt, vegetabilisk olja och vatten

INSTRUKTIONER:
a) Riv eller finhacka gurkan/gurkan och lägg i en stor skål.
b) Tillsätt malda valnötter och finhackad färsk dill.
c) Häll i yoghurten.
d) Tillsätt gradvis vatten - tjockleken är nere efter smak.
e) Tillsätt slutligen den vegetabiliska oljan.

47. Potatissoppa

INGREDIENSER:

- 1 palsternacka
- Svamp (1-2 koppar)
- 4-6 potatisar i tärningar
- 6 vitlöksklyftor
- 6-8 dl vatten
- 1 msk rotselleri krydda
- 1/4 kopp torkad svamp, hackad
- Ca 1/2 dl hackad bacon
- 1/2 kopp mjöl
- 1/2 kopp vatten
- 1/4 kopp mejram
- Salta och peppra efter smak
- 1 knippe gräslök, hackad

INSTRUKTIONER:

a) Skiva palsternacka, svamp och potatis i små bitar.

b) Riv 6 vitlöksklyftor och lägg dem i en kastrull med vatten, hackat bacon, rotselleri och torkad svamp.

c) Efter 45 minuter, tillsätt en roux solrosolja och mjöl. Krydda med mejram, salt och peppar.

d) Koka soppan i ca 1,5 timme.

48. Tjeckisk gulasch (Skvělý Hovězí Guláš)

INGREDIENSER:

- 4 msk olja för stekning
- 5 vitlöksklyftor
- 1 tsk malen söt paprika
- 3 bitar lök
- 1 tsk mejram
- 1 tsk malen varm peppar
- 750 g nötkött
- 1 tsk malen spiskummin

INSTRUKTIONER:

a) Värm oljan i en stor gryta på medelvärme. Tillsätt löken och vitlöken.

b) Tillsätt nötköttet och låt det bryna på utsidan.

c) Tillsätt paprika och rör tills köttet täcks.

d) Tillsätt mjöl och tomatpuré bara tills saften har sugits upp, tillsätt sedan vatten för att täcka köttet med lite extra.

e) Blanda mjölet väl för att få bort alla klumpar. Tillsätt salt och peppar.

f) Koka upp, täck sedan och låt sjuda på låg nivå i cirka två timmar.

g) Såsen kommer gradvis att tjockna och köttet blir mört. När du är klar, servera.

49. Syrlig picklesoppa

INGREDIENSER:
- 6 dl grönsaksbuljong
- 1 ½ kopp strimlad morot
- ½ kopp tärnad selleri
- 1 dl skalad färskpotatis, tärnad
- 1 kopp vitlök eller dill pickles, strimlad
- Mjöl, efter behov (cirka ¼ kopp)

INSTRUKTIONER:
a) Koka upp buljongen snabbt i en stor kastrull, sänk sedan värmen till låg och låt puttra. Sjud i 15 minuter med morötter, selleri och potatis.
b) Sjud i 30 minuter, eller tills potatisen är kokt, tillsätt pickles efter behov. Om du vill ha en tjockare soppa, gör en pasta med lika delar mjöl och vatten.
c) Häll långsamt i mjölken under konstant omrörning tills soppan tjocknat lätt.

50. Borsjtj

INGREDIENSER:
- 2 klasar rödbetor med grönt (ca 8-9 medelstora rödbetor)
- ½ kopp hackad lök
- Ett pund burk stuvade tomater
- 3 matskedar färsk citronsaft
- ⅓ kopp granulerat sötningsmedel

INSTRUKTIONER:
a) Skrubba och rensa rödbetorna, men låt skalet sitta kvar. Håll greenerna säkra. I en stor gryta, kombinera rödbetor, lök och 3 liter vatten.
b) Koka i en timme, eller tills rödbetorna är extremt mjuka. Ta bort rödbetorna ur vattnet, men KASTA INTE VATTEN. Kasta ut löken.
c) Häll tillbaka rödbetorna i vattnet efter att ha finhackat dem. Gröna bör tvättas och hackas innan de läggs till vatten. Kombinera tomater, citronsaft och sötningsmedel i en bunke. Koka i 30 minuter på medelvärme, eller tills grönsakerna är mjuka.
d) Innan servering, kyl i minst 2 timmar.

51. Jordgubbs- / blåbärssoppa

INGREDIENSER:
- 1 pund färska jordgubbar eller blåbär, rengjorda väl
- 1 ¼ koppar vatten
- 3 matskedar granulerat sötningsmedel
- 1 matsked färsk citronsaft
- ½ kopp soja- eller riskaffekaffe
- Valfritt: 2 koppar kokta, kylda nudlar

INSTRUKTIONER:

a) I en medelstor kastrull, kombinera frukten med vattnet och värm till en snabb uppkok.

b) Sänk värmen till låg, täck över och koka i 20 minuter, eller tills frukten är mycket mjuk.

c) Mixa i en mixer tills det är slätt. Häll tillbaka purén i grytan och rör ner socker, citronsaft och gräddkanna. Låt puttra i 5 minuter efter omrörning.

d) Innan servering, kyl soppan i minst 2 timmar.

e) Denna soppa serveras traditionellt för sig själv eller med kalla nudlar.

52.Kålsoppa

INGREDIENSER:

- 2 msk margarin
- 2 dl strimlad grönkål
- ½ tsk svartpeppar
- 3 koppar vatten
- 2 dl skalad och tärnad potatis
- ½ kopp hackad färsk tomat

INSTRUKTIONER:

a) Smält margarinet i en soppgryta.

b) Tillsätt kål och peppar och koka i cirka 7 minuter, eller tills kålen fått färg.

c) Häll i potatisen, tomaterna och vattnet; täck och koka i 20 minuter, eller tills potatisen är kokt.

53.Vegetarisk soppa

INGREDIENSER:
- soppgrönsaker (2 morötter, ½ rotselleri, 1 purjolök, färsk persilja)
- 1 kopp (100 g) blomkålsbuketter
- ½ kopp (50 g) kokt majs
- salt och peppar
- valfritt: buljongtärning, lök

INSTRUKTIONER:
a) Koka upp 2 liter (2 liter) vatten i en stor kastrull.
b) Skär morötter, rotselleri och purjolök i 1/4-tum (6 mm) skivor. Sänk värmen till låg och tillsätt de skivade grönsakerna, blomkålsbuketterna och majsen i det kokande vattnet.
c) Smaka av med salt och peppar efter smak och låt sjuda i cirka 40 minuter på medelvärme.
d) Garnera med tärnade persiljebuketter.

54.Tomatsoppa

INGREDIENSER:
- 2 qt (2 l) buljong
- 2 msk kokosgrädde
- 1 msk mjöl
- 5 oz (150 ml) tomatpuré
- salt och peppar
- Dill

INSTRUKTIONER:
a) Sila buljong gjord av soppgrönsaker (2 morötter, 12 lökar, 12 rotselleri, 1 purjolök, många persiljestjälkar) och behåll vätskan.
b) Blanda kokosgrädden med mjölet och tillsätt den sedan i buljongen tillsammans med tomatpurén.
c) Koka upp på hög värme, smaka av med salt och peppar och garnera med dill.
d) För att göra soppan mer mättande kan du lägga till ris eller nudlar.

55. Pickle soppa

INGREDIENSER:

- 3 potatisar
- 1 buljongtärning
- 1 msk kokossmör
- 2 stora pickles, fint tärnade
- 1 kopp (250 ml) saltgurka
- 2 msk kokosgrädde
- 1 msk mjöl
- salt
- Dill

INSTRUKTIONER:

a) Skala och skär potatisen i halva tum (1,3 cm) tärningar och koka dem sedan med buljongtärningen och kokossmöret i 2 liter (2 liter) vatten.
b) Tillsätt den finskivade inläggningen och saltgurka efter ca 20 minuter, när potatisen börjar mjukna.
c) Kombinera kokosgrädde och mjöl i en separat skål och tillsätt sedan gradvis 3 matskedar av buljongen som puttrar på värmen. Häll sedan tillbaka blandningen i soppan och låt den koka upp igen.
d) Tillsätt salt och tärnad dill efter smak (men smaka först av soppan för att vara säker på att saltsyrasaften inte är för överväldigande).
e) Ris kan användas istället för potatisen. När soppan är klar, hoppa över steg 1 och tillsätt 3 koppar kokt ris.

56.Sur rågsoppa

INGREDIENSER:

- 2 qt (2 l) buljong
- 2 dl syrat rågmjöl
- 2 msk mjöl
- Salt
- 2 vitlöksklyftor
- valfritt: svamp

INSTRUKTIONER:

a) Koka soppgrönsaker (2 morötter, 12 lökar, 1 selleri, 1 purjolök, många persiljestjälkar) i 2 liter vatten för att göra buljong. Du kan även lägga till lite hackad svamp om så önskas.

b) Kör soppan genom en sil, spara vätskan och tillsätt urekmixen och mjölet till buljongen när grönsakerna är mjuka (cirka 40 minuter).

c) Du kan smaka av med salt.

d) Tillsätt vitlöken i buljongen, finriven eller tärnad.

57.Kyld rödbetssoppa

INGREDIENSER:
- 1 gäng rödbetor
- 1 gurka
- 3–5 rädisor
- dill
- gräslök
- 1 qt (1 l) vanlig växtbaserad yoghurt
- salt och peppar
- socker
- valfritt: citronsaft

INSTRUKTIONER:
a) Ta bort rödbetorna från knippen, finhacka bara stjälkarna och rödbetsbladen och låt sjuda i cirka 40 minuter i en liten mängd vatten tills de är mjuka. Låt svalna innan servering.
b) Gurka, rädisor, dill och gräslök ska alla finhackas. Kombinera dessa ingredienser, såväl som betblandningen, i den växtbaserade yoghurten och rör om ordentligt.
c) Smaka av, smaka av med salt, peppar, socker och citronsaft om så önskas. Mixa eller puré soppan om du vill ha en slätare konsistens.
d) Servera kyld med dill tärnad ovanpå.
e) Denna soppa är traditionellt gjord med endast stjälkar och blad från rödbetsväxten. Du kan dock bara använda rödbetorna. 1 pund kokta rödbetor, fint rivna och kombinerade med de återstående ingredienserna

58. Fruktsoppa

INGREDIENSER:
- 1 msk potatismjöl
- 1 kopp (250 ml) buljong, kyld
- 3 äpplen
- 8 oz (250 g) plommon eller körsbär
- ⅓–½ kopp (75–115 g) socker

INSTRUKTIONER:
a) För att producera en uppslamning, kombinera hälften av den kalla buljongen med mjölet.
b) Koka äpplena, plommonen eller körsbären i 112 liter (112 liter) vatten efter att du skalat dem. När frukten är mjuk, riv den på ett fint rivjärn eller puré den med vattnet i en mixer och smaka av med socker.
c) Kombinera mjöl och buljongslam i en bunke.
d) Rör ner buljongblandningen tills allt är ordentligt blandat.
e) Andra frukter kan användas för att göra denna soppa. Plommon, rabarber, vilda jordgubbar, hallon, björnbär och körsbär används alla i vissa klassiska tjeckiska fruktsoppor. Växtbaserad mjölk eller kokosgrädde, tillsammans med socker, kan användas för en mildare smak.
f) Under de varma sommarmånaderna är denna soppa, tillsammans med chodnik, idealisk.

59.Potatissoppa

INGREDIENSER:

- 1½ qt (1½ l) grönsaksbuljong
- 2 lökar
- 2 purjolök
- 5 vitlöksklyftor
- 3 msk olivolja
- 4 potatisar
- örter: lagerblad, timjan, gräslök
- salt och peppar

INSTRUKTIONER:

a) Skär löken och purjolöken fint, skiva dem sedan i kvartstumsringar (6 mm) och fräs dem i olivolja med skivade vitlöksklyftor.
b) Tärna potatisen efter att ha rengjort, skalat och rengjort dem.
c) Tillsätt potatis, örter, salt och peppar när löken och purjolöken är medelbrun. Rör om en stund, täck sedan med fonden och koka i cirka 30 minuter på låg värme, tills potatisen är mjuk.
d) När soppan har svalnat, puré den i en mixer tills den är slät. Krydda med salt och peppar efter smak.

60. Citronsoppa

INGREDIENSER:
- 2 qt (2 l) buljong eller fond
- ½–1 kopp (95–190 g) vitt ris
- 2 citroner
- salt och peppar
- valfritt: ½ kopp kokosgrädde

INSTRUKTIONER:

a) Gör buljong med 2 liter (2 liter) vatten och soppgrönsaker eller fond (2 morötter, 12 lök, 1 selleri, 1 purjolök, många persiljestjälkar).

b) Koka riset i bara buljong eller buljong tills det är mosigt, ca 25 minuter.

c) Skala 1 citron, skiva den fint och släng den med lite salt i det kokande riset.

d) Fortsätt att röra soppan medan du tillsätter den återstående citronsaften.

e) Koka i några minuter på låg värme, smaka av med salt och peppar.

61. Tjeckisk kålrabbisoppa

INGREDIENSER:
- 1 kålrabbi skalad, tärnad, använd blad också (se instruktionerna)
- 1 medelstor lök finhackad
- 1 medelstor morot skalad, tärnad
- 2 medelstora potatisar skalade, i tärningar
- 2 msk persilja och dill vardera, finhackad
- 1 l grönsaksbuljong varm (drygt 4 koppar)
- 1 msk olja och smör vardera
- Havssalt och peppar efter smak
- 1 msk majsstärkelse plus 2 msk varmt vatten för att tjockna soppan (valfritt, se instruktioner).

INSTRUKTIONER:
a) Skala och skär kålrabbibladen grovt, ta bort stjälkarna. Skär kålrabbi, morötter och potatis i tärningar.
b) Hetta upp 1 matsked olja i en stor gryta, tillsätt sedan löken och låt sjuda i 3 minuter, eller tills den mjuknat. Koka i några minuter, rör om ofta, med resten av grönsakerna och persiljan.
c) Tillsätt grönsaksbuljongen, peppar för att krydda, rör om, täck över och låt koka upp, sänk sedan till låg värme och koka under omrörning med jämna mellanrum i cirka 30 minuter eller tills grönsakerna är mjuka.
d) Tillsätt den hackade dillen och låt sjuda i 3 minuter till. Du kan tjockna soppan vid det här laget (även om du inte behöver). För att göra det, kombinera 2 matskedar varmt vatten med majsstärkelse, rör sedan ner i soppan och koka i 3 minuter.
e) Ta av från värmen, krydda efter smak och häll i en matsked smör innan servering.

62. Sparris soppa

INGREDIENSER:

- 1 lb (450 g) vit sparris
- soppgrönsaker (2 morötter, 1 purjolök, ½ rotselleri, färsk persilja)
- 2 msk kokossmör
- ¼ kopp (30 g) mjöl
- salt och socker
- ½ kopp (125 ml) kokosgrädde

INSTRUKTIONER:

a) Skala sparrisskalen och rengör sparrisen. Koka sparrisstjälkarna och soppingredienserna tills de är mjuka i en kastrull med 2 liter (2 liter) vatten. Buljongens vätska ska sparas.
b) Koka sparrishuvudena separat i en liten mängd vatten.
c) Purea sparrisstjälkarna och riv fint.
d) Kombinera den mosade sparrisen med soppbuljongen.
e) Smält kokossmöret i en stekpanna och rör ner mjölet för att få en roux på låg värme. Tillsätt de kokta sparrishuvudena, salt och peppar till soppan medan den kokar.
f) Servera med krutonger och en klick kokosgrädde på slutet.

SALLADER OCH SIDOR

63. Bramborový Salát (potatissallad)

INGREDIENSER:
- 4 stora potatisar, kokta och tärnade
- 1/2 kopp majonnäs
- 1 matsked senap
- 1 lök, finhackad
- 2 pickles, fint hackade
- Salta och peppra efter smak
- Hackad färsk dill till garnering

INSTRUKTIONER:
a) Blanda majonnäs och senap i en skål.
b) Tillsätt tärnad potatis, hackad lök och saltgurka. Blanda väl.
c) Krydda med salt och peppar efter smak.
d) Garnera med hackad färsk dill innan servering.

64.Tomatsallad med mozzarella

INGREDIENSER:
- 4 stora tomater, skivade
- 1 boll färsk mozzarella, skivad
- Färska basilikablad
- Extra virgin olivolja
- Balsamvinäger
- Salta och peppra efter smak

INSTRUKTIONER:
a) Lägg upp tomat- och mozzarellaskivor på ett serveringsfat.
b) Stoppa in färska basilikablad mellan skivorna.
c) Ringla över olivolja och balsamvinäger.
d) Krydda med salt och peppar. Servera omedelbart.

65.Okurkový Salát (Gurksallad)

INGREDIENSER:
- 4 gurkor, tunt skivade
- 1 rödlök, tunt skivad
- 1/2 kopp gräddfil
- 1 matsked vit vinäger
- 1 tsk socker
- Salta och peppra efter smak
- Hackad färsk dill till garnering

INSTRUKTIONER:
a) Blanda gräddfil, vit vinäger och socker i en skål.
b) Lägg i skivad gurka och lök. Kasta till beläggning.
c) Krydda med salt och peppar efter smak.
d) Garnera med hackad färsk dill innan servering.

66.Houbový Salát (svampsallad)

INGREDIENSER:
- 2 dl svamp, skivad
- 1 lök, finhackad
- 2 matskedar vegetabilisk olja
- 1 msk vitvinsvinäger
- 1 tsk dijonsenap
- Salta och peppra efter smak
- Färsk persilja till garnering

INSTRUKTIONER:

a) Fräs skivad svamp och hackad lök i vegetabilisk olja tills de är mjuka.
b) Vispa ihop vitvinsvinäger, dijonsenap, salt och peppar i en skål.
c) Häll dressingen över svampen och löken. Kasta för att kombinera.
d) Garnera med färsk persilja innan servering.

67. Knedlíky (tjeckiska bröddumplings)

INGREDIENSER:
- 4 koppar gammalt bröd i tärningar
- 1 dl mjölk
- 2 ägg
- 1/4 kopp universalmjöl
- 1 tsk bakpulver
- Salt

INSTRUKTIONER:

a) Blötlägg brödtärningarna i mjölk tills de är mjuka.

b) Blanda blötlagt bröd, ägg, mjöl, bakpulver och en nypa salt i en skål.

c) Forma blandningen till cylindriska former och ånga i ca 20-30 minuter.

d) Skiva och servera som tillbehör med sås eller såser.

68.Zelí (tjeckisk surkål)

INGREDIENSER:

- 1 pund surkål
- 1 lök, finhackad
- 2 matskedar vegetabilisk olja
- 1 tsk kumminfrön
- 1 äpple, skalat och rivet
- 1 matsked socker
- Salta och peppra efter smak

INSTRUKTIONER:

a) Skölj surkål under kallt vatten och låt rinna av.
b) I en panna, sautera hackad lök i vegetabilisk olja tills den är genomskinlig.
c) Tillsätt surkål, kummin, rivet äpple, socker, salt och peppar.
d) Koka på låg värme, rör om då och då, tills smakerna smälter.

69. Karp med potatissallad

INGREDIENSER:
- 4 karpfiléer
- 1 kopp mjöl
- 2 ägg, vispade
- 1 kopp ströbröd
- Olja för stekning
- Potatissallad (se Bramborový Salát-receptet)

INSTRUKTIONER:

a) Bröda karpfiléer genom att överdraga i mjöl, doppa i uppvispade ägg och täcka i ströbröd.

b) Stek tills de är gyllenbruna på båda sidor.

c) Servera den stekta karpen med en sida av potatissallad.

70.Špenátová Kase (gräddad spenat)

INGREDIENSER:
- 1 pund färsk spenat, tvättad och hackad
- 2 matskedar smör
- 2 msk universalmjöl
- 1 dl mjölk
- Salt och muskot efter smak

INSTRUKTIONER:
a) Visna hackad spenat i smör i en panna.
b) Strö mjöl över spenaten, rör om till en roux.
c) Tillsätt mjölken gradvis under konstant omrörning för att undvika klumpar.
d) Sjud tills blandningen tjocknar. Krydda med salt och muskotnöt.

71. Rödbetssallad (ćwikła)

INGREDIENSER:
- 4 rödbetor
- 2 msk pepparrot
- 1 tsk socker
- ⅓ kopp (80 ml) vinäger
- persilja
- salt och peppar

INSTRUKTIONER:
a) Rensa rödbetorna och koka dem i vatten i cirka 30 minuter, eller tills de är mjuka. När de svalnat tar du ut dem och skalar dem.
b) Riv rödbetorna med hjälp av de medelstora rivhålen.
c) Gör en sås med pepparrot, socker, vinäger, persilja, salt och peppar och blanda sedan med rödbetorna med en gaffel.
d) För att kyla, ställ i kylen i cirka 2 timmar.
e) En lök kan användas i stället för pepparroten.
f) I 1 matsked olivolja, fräs 1 tärnad lök lätt. Kombinera olivoljan och kryddorna, tillsätt sedan såsen och löken till rödbetorna och blanda ihop.

72.B upphöjd rödkål med hallon

INGREDIENSER:
- 6 dl tunt skivad rödkål
- 8 oz / 225 g färska eller frysta hallon
- 4 msk kokossmör
- 3 msk allroundmjöl
- 6 enbär
- 1/4 tsk mald kryddpeppar
- 6-8 pepparkorn hela
- 2 lagerblad
- 2 msk vinäger
- 1 1/2 dl vatten + ytterligare 1/2 om det behövs
- 1/2 kopp torrt rött vin
- Salt och socker efter smak

INSTRUKTIONER:
a) Skiva kålen tunt (använd matberedare för en jämn och tunn skiva).
b) Smält kokossmöret i en stor kastrull. Tillsätt enbären, kryddorna, pepparkornen och lagerbladen medan kokossmöret smälter. När det är helt smält, tillsätt mjölet och blanda tills det är slätt.
c) Häll i kål, hallon, vinäger, rödvin, 1 1/2 dl vatten och 1 tsk salt. Rör om ordentligt, täck över och låt sjuda i cirka 10 minuter på medelhög låg nivå.
d) Smaka av efter omrörning. Om såsen inte är tillräckligt söt, tillsätt 1 tsk socker och justera saltet efter behov.
e) Koka i ytterligare 10-20 minuter, eller tills smakerna har smält.

73.Selleri och apelsinsallad

INGREDIENSER:
- 1 stor rotselleri
- 1 apelsin eller 2 mandariner
- ⅓ kopp (25 g) finhackade valnötter
- ½ kopp (125 ml) kokosgrädde
- salt
- valfritt: ⅓ kopp (25 g) russin

INSTRUKTIONER:
a) Riv selleriroten med hjälp av de medelstora rivhålen.
b) Skala apelsinerna eller mandarinerna och skiva dem i kvarts tum (6 mm) bitar.
c) Blanda selleri, apelsiner och valnötter med en gaffel och tillsätt sedan kokosgrädden.
d) Häll i en nypa salt efter smak. Du kan lägga till russin om du vill.

74. Grönsakssallad

INGREDIENSER:
- 5 kokta morötter
- 2 kokta persiljerötter
- 5 kokta potatisar (valfritt)
- 1 liten kokt rotselleri (ca 15 dag)
- 5 inlagda gurkor
- 2 äpplen
- 1 liten burk majs (valfritt)
- 1 burk gröna ärtor
- 1 matsked senap
- salt, peppar, persilja, dill

INSTRUKTIONER:

a) Skölj och koka grönsakerna utan att skala dem (var och en för sig); kyla och skala.

b) Ta bort kärnhuset från äpplena och skala dem.

c) Skär grönsaker, pickles och äpplen i små rutor med en vass kniv. Salladslök ska hackas och ärter ska silas. Krydda med salt och peppar.

d) Strö persilja och dill över salladen. Vänta en timme för förberedelser.

e) Garnering

75.Söt och sur rödkål

INGREDIENSER:
- 3 dl strimlad rödkål
- ½ kopp skalat och hackat syrligt äpple, som Granny Smith
- 2 dl kokande vatten
- 1 msk äppeljuicekoncentrat
- ½ tsk mald kryddpeppar
- 4 matskedar vinäger

INSTRUKTIONER:
a) I en stor gryta, kombinera alla ingredienser.
b) Koka snabbt upp, sänk sedan värmen till låg och koka tills kålen är mjuk, cirka 20 minuter.

DESSERTER

76.Jablečný Závin (Apple Strudel)

INGREDIENSER:
- 4 stora äpplen, skalade och skivade
- 1 kopp socker
- 1 tsk kanel
- 1/2 kopp russin
- Filodegsark
- Smör (smält)
- Brödsmulor

INSTRUKTIONER:
a) Blanda äpplen, socker, kanel och russin i en skål.
b) Lägg filoskivor på en ren yta, pensla med smält smör.
c) Strö brödsmulor på plåtarna och tillsätt sedan äppelblandningen.
d) Rulla arken, stoppa in kanterna.
e) Pensla toppen med mer smält smör och grädda tills den är gyllenbrun.

77.Pumpajäst bundt tårta

INGREDIENSER:
- 1 dl pumpamousse
- 2½ dl vanligt dinkelmjöl eller vetekaksmjöl
- ½ kopp valfri växtbaserad mjölk
- 7 gram torrjäst
- ½ kopp rörsocker eller annat oraffinerat socker
- saft och skal av 1 citron
- 1 msk flytande kokosolja
- 1 kopp torkade tranbär

INSTRUKTIONER:
a) Blanda mjöl, jäst, socker och tranbär i en bunke.
b) Värm långsamt pumpamousse, växtbaserad mjölk, citronsaft och -skal samt kokosolja i en liten kastrull. Knåda in de blöta ingredienserna i degen. Detta bör ta cirka 8 minuter att slutföra.
c) Strö ett tunt lager mjöl på Bundt kakformen och smörj den. Lägg degen i formen, täck över den och låt den jäsa i 1 timme på en varm plats.
d) Värm ugnen till 180°C/350°F och grädda i 35 minuter (tills ett träspett kommer ut rent).

78. Wafers

INGREDIENSER:
- 5 stora rektangulära wafers
- ½ kilo svartvinbärssylt
- 3 koppar kokt kikärta (mer eller mindre 1 kopp torr)
- 1 burk växtbaserad kokosmjölk
- 1 tsk vaniljextrakt
- 2 msk rörsocker
- 2 matskedar kakao
- 200 gram mörk choklad (70 % kakao)

INSTRUKTIONER:
a) Öppna burken med kokosmjölk och ta bort den vita fasta delen. Koka upp i en kastrull. Ta bort från elden och rör ner choklad, kakao, vaniljextrakt och socker.
b) Rör om tills alla ingredienser har smält. Blanda i kikärtorna helt.
c) Placera oblaten på en träbit. Täck den med hälften av grädden och det andra rånet.
d) Smörj hälften av sylten på den. Upprepa med resterande grädde, sylt och rån. Tryck försiktigt på knappen.
e) Ställ åt sidan i 4–5 timmar i kylen.
f) Skär i små bitar.

79.Jul äppelpaj

INGREDIENSER:
- 3 dl vanligt dinkelmjöl eller vanligt vetemjöl
- 2 platta matskedar stärkelse
- 2 platta matskedar oraffinerat florsocker
- 50 gram flytande kokosolja
- 15 matskedar kallt vatten
- 2 kilo kokäpplen
- 1 tsk kanel
- 1 tsk mald kardemumma
- 1 dl russin
- 1 kopp valnötter
- 1 kopp ströbröd

INSTRUKTIONER:
a) Blanda mjöl, stärkelse, florsocker och kokosolja försiktigt. Tillsätt en matsked vatten i taget, blanda eller knåda degen efter varje tillsats. Knåda degen tills den är elastisk och smidig efter att alla ingredienser har blandats.
b) Dela degen i två lika stora halvor. En av dem ska kavlas ut på en plåt med bakplåtspapper som mäter 20 x 30 cm/8 x 12 tum. Nagga degen flera gånger med en gaffel, lägg på en ugnsform och låt svalna i 30 minuter. Lägg den återstående degdelen i frysen i 45 minuter.
c) Ta ut plåten från kylen och grädda i 190°C i 15 minuter. Tillåt dig själv att slappna av. Förbered äpplena under tiden.
d) Skala äpplena och ta bort kärnhusen. Riv osten med ett rivjärn eller en mandolinskärare. Kombinera kanel, russin och tjockt hackade valnötter i en mixerskål. Du kan tillsätta honung om äpplena är för syrliga.
e) Fördela ströbrödet jämnt på den halvgräddade botten. Äpplena ska sedan strö ut på smördegen.
f) Lägg den frysta degen ovanpå äpplena och riv den. Värm ugnen till 180°C/350°F och grädda i 1 timme.

80. Potatis pepparkakor

INGREDIENSER:

- ½ kilo skalad potatis
- 5 matskedar flytande kokosolja
- ½ kopp dadelsirap eller annan sirap
- 2 tsk bakpulver
- 2½ dl vanligt dinkelmjöl eller vanligt vetemjöl
- ½ kopp stärkelse
- 4 msk pepparkakskrydda
- 1 matsked kakao

INSTRUKTIONER:

a) Koka potatisen tills den är mjuk, kyl sedan och ris den med en potatispress. Blanda dadelsirap och kokosolja i en skål.

b) Kombinera mjöl, stärkelse, bakpulver och pepparkakskrydda i en separat bassäng. Knåda degen efter att du har tillsatt vätskan.

c) Pudra en bakelsebräda eller en konditorimatta med mjöl och kavla ut degen till en tjocklek av ca 5 mm.

d) Använd kexskärare och skär ut olika former. Värm ugnen till 170°C/325°F och grädda i 10 minuter. Låt svalna och dekorera efter önskemål.

81. Plommongryta

INGREDIENSER:
- 2 lb (900 g) färska plommon
- valfritt: ¾ kopp (170 g) socker

INSTRUKTIONER:
a) Skölj plommonen och ta bort gropar.
b) Koka upp plommonen i en liten mängd vatten (lagom nog för att täcka dem) och rör om då och då.
c) Socker kan tillsättas efter två timmar för en sötare smak.
d) När grytan tjocknat och det mesta av vattnet har avdunstat, häll upp i glasburkar och förvara svalt.
e) Mot slutet av tillagningstiden, tillsätt muskotnöt, citronsaft eller kanel för extra smak.

82.Marmelad

INGREDIENSER:
- 2 lb (900 g) färsk frukt, som äpplen, päron, aprikoser, körsbär och/eller jordgubbar
- 1¾ koppar (395 g) socker

INSTRUKTIONER:
a) Beroende på frukten eller frukterna du använder, rengör, skala och kärna ur dem.
b) Koka upp i en liten mängd vatten (lagom att täcka), rör om då och då.
c) Mosa i en mixer eller riv på de minsta rivhålen när frukten är mör.
d) Koka på låg värme tills massan tjocknar, rör hela tiden.
e) Häll upp i glasburkar och förvara kallt.

83. tjeckiska Kisiel

INGREDIENSER:
- 1 kg frukt (äpplen, plommon, körsbär, etc.)
- 2 koppar vatten
- 2 msk socker
- 2 msk potatisstärkelse

INSTRUKTIONER:
a) Hoppa till steg 5 om du redan har en kompot redo.
b) Tvätta och lägg frukterna i grytan. Äpplen och päron ska till exempel skivas i mindre bitar.
c) Börja hälla vattnet.
d) Koka i cirka en halvtimme på medelvärme. Häll i lite sötma.
e) Ta bort frukterna från kompotten eller låt dem ligga kvar.
f) Kyl en halv kopp kompot eller vänta tills den är kall.
g) I grytan finns en fruktkompot.
h) Kombinera potatisstärkelse och KALL kompot i en mixerskål.
i) Kombinera kompot och potatisstärkelse i en kopp.
j) Häll blandningen i den återstående varma kompotten som fortfarande kokar.
k) I en kopp, häll stärkelseblandningen i kompotgrytan.

84. Tjeckisk vaniljkrämpudding

INGREDIENSER:
- ½ vaniljstång, burk med ½ msk vaniljextrakt
- 2 koppar + 2 msk växtbaserad mjölk
- 5-7 tsk socker
- 3 msk potatismjöl, kan blandas med majsmjöl eller majsstärkelse
- 3-4 tsk hallonsirap, till servering, valfritt

INSTRUKTIONER:

a) Skär en halv vaniljstång på längden och skrapa ur bönorna med en kniv. Ta bort från ekvationen.

b) Koka upp 1,5 koppar (350 ml) växtbaserad mjölk, vaniljbönor och socker.

c) Blanda potatismjölet med den återstående svala växtbaserade mjölken. Rör om snabbt med en visp så att det inte bildas klumpar i den kokande växtbaserade mjölken.

d) Koka upp och låt sjuda under konstant omrörning i cirka 1 minut, eller tills vaniljsåsen tjocknar.

e) Häll upp i individuella dessertglas eller fat efter att du tagit bort det från värmen.

f) Toppa med några droppar hallonsirap och servera direkt.

85.Czech Cream Fudge

INGREDIENSER:

- 1/2 kopp socker
- 2–14 uns burkar kondenserad växtbaserad mjölk
- 1/3 kopp kokossmör

INSTRUKTIONER:

a) Blanda sockret och kondenserad växtbaserad mjölk i en medelstor kastrull. När det börjar koka, sänk värmen till låg och fortsätt att röra om försiktigt och kontinuerligt. Extrem försiktighet bör iakttas vid omrörning.

b) Efter 15–20 minuters kokning, bringa blandningen till en temperatur på 225–235°F. Ta kastrullen från värmen och tillsätt kokossmöret under konstant vispning i 3 minuter.

c) Häll smeten i den förberedda pannan och svalna helt innan den ställs i kylen i minst 30 minuter.

d) Ta bort den från pannan och skär den i bitar. Linda vaxat papper runt var och en. Inslagna portioner bör förvaras i en täckt behållare för att undvika uttorkning.

86.tjeckiska Mandel i Choklad P lums

INGREDIENSER:

- 24 katrinplommon, urkärnade (torkade plommon)
- 24 hela mandlar, rostade
- 8 uns halvsöta chokladchips
- krossade nötter, för dekoration

INSTRUKTIONER:

a) Värm ugnen till 350 ° F och klä en bakplåt med aluminiumfolie eller vaxat papper.
b) Mikrovågsugn chokladen tills den är helt smält.
c) Fortsätt att röra tills chokladen är slät, ställ sedan åt sidan för att svalna något medan du förbereder katrinplommonen.
d) Lägg en mandel i mitten av varje katrinplommon, en per katrinplommon.
e) Doppa varje katrinplommon i chokladen och dränk den helt.
f) Lägg godiset på den förberedda bakplåten och, medan chokladen fortfarande är våt, strö över toppen med krossade nötter om så önskas.
g) Efter att ha lagt alla katrinplommon på bakplåten, kyl i 30 minuter så att chokladen stelnar innan servering.
h) Förvaras kylt i upp till en vecka i en lufttät behållare.

DRYCK

87.Tjeckisk Holiday Punch

INGREDIENSER:

- 1½ uns. susz (vodka infunderad med torkad frukt)
- ¾ uns. färsk citronsaft
- ¾ uns. ingefära- kardemumma lönnsirapssirap
- Kanderad ingefära

INSTRUKTIONER:

a) I en isfylld shaker, kombinera alla ingredienser och skaka kraftigt. Sila upp i ett glas med en stor tärning ovanpå. Garnering.

b) Susz: Kombinera en hackad 14 koppar av torkade äpplen, torkade päron, torkade aprikoser och torkade plommon med en 750 ml flaska vodka i en stor burk eller annan lufttät behållare.

c) Låt blandningen dra i 24 timmar innan den silas och förvaras.

d) Ingefära-kardemumma I en mixer, kombinera 14 uns lönnsirap (i vikt), 312 matskedar skalad, hackad ingefära, 10 kardemummaskidor och 12 dl varmt vatten. Mixa i 1 till 2 minuter och häll sedan av i en burk med en fin sil.

e) Den håller i 2 till 3 veckor i kylen.

88. Surkörsbärslikör

INGREDIENSER:
- 2,5 kg sura körsbär
- 2 kg strösocker
- 1L vodka
- 1L renad sprit

INSTRUKTIONER:
a) Kombinera körsbär och konserverade gropar i en carboy eller en stor glasburk, tillsätt sockret och täck med en ren bit muslin. Ställ åt sidan några dagar på en varm plats.
b) Sila saften genom en sil klädd med muslin. Ta bort frukten från carboyen och ställ den åt sidan.
c) Häll saften i en kastrull och låt koka upp. Låt svalna tid.
d) Ta bort och kassera kärnorna från körsbären. Häll i vodkan. Täck och förvara i 2 veckor i ett mörkt område.
e) Blanda den kylda juicen och den rektifierade spriten i en flaska. Ta bort från ekvationen.
f) Sila körsbären efter 2 veckor och kombinera vodkan med den rektifierade spriten. Fyll rena flaskor med vinet, korka dem och ställ dem åt sidan i minst 3 månader.

89. Glöggvodka

INGREDIENSER:
- 350 g lönnsirap
- 120 ml vatten
- 2 vaniljstång, delade på längden
- 2 tunna skivor ingefära
- 1 msk mald kanel
- 1/2 tsk mald kryddnejlika
- 1 tsk citronskal
- 1 tsk apelsinskal
- 1/4 tsk mald muskotnöt
- 750 ml vodka

INSTRUKTIONER:

a) Kombinera lönnsirap, vatten, vanilj, kryddor och citrusskal i en kastrull. Koka upp och sänk sedan till låg värme i 5 minuter.

b) Tillsätt vodka och värm gradvis ihop, men koka inte. Servera i små glas direkt.

c) Om så önskas, sila blandningen genom en fin sil innan.

90.Lila plommonlikör

INGREDIENSER:
- 1 kg mogna lila plommon, urkärnade
- 1/2 liter ren rektifierad alkohol
- 1/2 liter vodka
- 300 g strösocker

INSTRUKTIONER:

a) Lägg plommonen i en bryggglaskar. Fyll carboy halvvägs med rektifierad sprit och vodka, korka den och förvara den i ett mörkt utrymme i 5 veckor.

b) Tillsätt socker efter 5 veckor och ställ in i ytterligare 4 veckor.

c) Sila likören genom en sil klädd med muslinduk; häll på flaskor, kork och förvara i minst 3 månader i ett mörkt utrymme.

91. Juniper Beer

INGREDIENSER:
- 2L vatten
- 100 g enbär
- 200-250g lönnsirap
- 1 msk humle
- 2g öl eller vinjäst

INSTRUKTIONER:

a) Slå enbär i en mortel i en glasburk på en halv liter och kombinera med vatten.

b) Använd en finmaskig sil och sila av blandningen. Ta bort de fasta ämnena och släng dem.

c) Koka upp den silade blandningen, ta sedan bort den från värmen och tillsätt lönnsirap. Fyll en ren halv-liters burk till hälften med vätska.

d) Koka upp 1/2 dl vatten i en liten kastrull. Sjud i 10 minuter efter att du har tillsatt humlen. Sila av vätskan och häll den i burken.

e) Blanda i jästen och täck burken med ett kaffefilter eller ett luftlås när vätskan svalnat till rumstemperatur.

92. Rabarberlemonad

INGREDIENSER:

- 4 koppar vatten
- 1/2 kopp lönnsirap
- 1 pund rabarber (skalad vid behov, hackad)
- 3 koppar varmt vatten
- Isbitar
- Garnering: apelsinskivor eller myntakvistar

INSTRUKTIONER:

a) Koka upp 4 dl vatten i en kastrull; ta bort från värmen, vispa i lönnsirap och ställ åt sidan för att svalna.

b) Pulsera den hackade rabarbern i en matberedare tills den blir en massa.

c) Häll de 3 kopparna heta vattnet över rabarbermassan i en medelstor bassäng och täck.

d) Lägg en sil över lönnsirapsvattnet i grytan. Sila av rabarbermassan i lönnsirap-vattenblandningen med hjälp av en sil. För att kombinera rabarbervätskan och lönnsirapsvatten, vispa ihop dem. Fyll en kanna till hälften med vatten.

e) Häll upp cocktailen i fyra höga glas fyllda med isbitar.

f) Servera med en apelsinskiva eller en myntakvist som garnering.

93. Hot Mead

INGREDIENSER:

- 1/2 kopp/120 ml lönnsirap
- 1 kopp/240 ml vatten
- 3 till 4 kryddnejlika
- 6 kanelstänger
- 1 hel vaniljstång (ca 7,5 cm lång)
- En 1-tums/2,5-cm remsa av apelsinskal
- 1/4 tsk mald muskotnöt
- 16 oz/480 ml vodka

INSTRUKTIONER:

a) Koka upp lönnsirap och vatten i en medelstor kastrull och skrapa bort eventuellt skum från ytan.

b) Låt grytan koka upp och ta sedan bort kryddnejlika, kanelstång, vaniljstång och apelsinskal. Låt stå i 1 eller 2 minuter innan det kokar upp igen.

c) Ta av från värmen, täck över och låt dra i minst 30 minuter. Koka upp igen efter silning genom en finmaskig sil eller en vanlig sil fodrad med kaffefilter.

d) Tillsätt vodkan i blandningen. Rör om väl och servera genast.

94. Tjeckiskt kaffe

INGREDIENSER:
- 6 oz varmt bryggt kaffe
- 3 oz Dorda dubbel chokladlikör
- Vispad grädde till garnering

INSTRUKTIONER:

a) Kombinera nybryggt hett kaffe och Dorda Double Chocolate Liqueur i en glasmugg. Avsluta med en klick nyvispad grädde.

b) Garnera med kakaonibs, chokladtäckta espressobönor eller rakad choklad, om så önskas.

95.Citron och gurka kylare

INGREDIENSER:
- Krossad is
- 1 liten Kirbygurka
- ½ liten citron
- 2 tsk socker
- 1/2 tsk sked av nyriven ingefära
- bubbel vatten
- Zubrowka Bison Grass Vodka

INSTRUKTIONER:

a) Fyll båda burkarna med krossad is till 34 % kapacitet. Gurkan ska skivas i tunna rundlar. Fördela blandningen mellan de två masonburkarna. Tillsätt 1 tesked socker till varje murburk.

b) Pressa en halv citron i var och en av de två masonburkarna. För att använda som garnering, skiva två cirklar från den återstående hälften av citronen.

c) Till varje murarburk, häll 1,5 uns Zubrowka. Innan du häller i club soda, tillsätt en kvart tesked ingefära i varje kopp. Fyll glaset halvvägs med seltzervatten. Njut med en citronskiva som garnering!

96. Tjeckisk varm choklad

INGREDIENSER:
- 2 dl växtbaserad mjölk
- 1 kopp halv och halv
- 6 matskedar socker
- ¼ kopp tjeckisk kakao eller annan naturlig kakao av god kvalitet
- 3,5 oz. mörk choklad av bra kvalitet

INSTRUKTIONER:

a) I en medelstor kastrull på medelvärme, kombinera alla ingredienser (förutom den mörka chokladen) i en medelstor kastrull.

b) Koka långsamt upp, rör om regelbundet. Sänk till låg värme och koka i 4 minuter, rör om ofta. För att undvika en överkok, håll noga koll på situationen.

c) Rör ner den mörka chokladen tills den är helt smält. Koka ytterligare en till två minuter. Vispa ihop ingredienserna slätt.

97.Körsbär Martini

INGREDIENSER:
- 1 3,4 oz förpackning fransk vanilj-instantpudding
- 4 koppar växtbaserad mjölk, uppdelad
- 1/2 tsk mald muskotnöt
- VALFRITT: rom, romextrakt & vispgrädde

INSTRUKTIONER:

a) Använd 2 koppar växtbaserad mjölk och gör instantpudding enligt anvisningarna på förpackningen.

b) Tillsätt 2 dl växtbaserad mjölk och riven muskotnöt till blandningen.

c) Tillsätt 2 tsk romextrakt om så önskas.

98. Rapphöna I Ett Päronträd

INGREDIENSER:
- 2 uns päron nektar
- 1 uns Crown Royal eller Rye Whisky
- 2 uns Ginger Ale eller för att toppa glaset
- Is
- Päron för dekoration valfritt

INSTRUKTIONER:
a) I en tumlare, fyll 1/4 av vägen med is.
b) Tillsätt päronnektar och Crown Royal.
c) Toppa med ginger ale.
d) Rör om ordentligt.
e) Garnera med två tunt skivade päronklyftor.

99.Tjeckisk Strawberry Cordial

INGREDIENSER:
- 2 1/2 pund jordgubbar, tvättade och skalade
- 1 liter vodka av god kvalitet
- 2 koppar socker

INSTRUKTIONER:

a) Kombinera jordgubbar och vodka i en stor steriliserad glasbehållare. Förslut och förvara i en vecka på en mörk, sval plats.

b) Efter 1 vecka, sila vodkan genom en sil, spara jordgubbarna och häll i en ren, desinficerad glasbehållare.

c) Blanda i sockret med jordgubbarna, överför sedan till en ren, steriliserad glasbehållare och förslut. Förvara båda behållarna på en mörk, sval plats i 1 månad.

d) Efter 1 månad, kombinera jordgubbsblandningen med vodkan, sila och häll i en ren, steriliserad glasbehållare.

e) Förslut och förvara i flera månader på ett svalt, mörkt ställe.

100.Tjeckisk ananasvodka

INGREDIENSER:
- 1 pund färska ananasspjut eller bitar
- 1 liter vodka
- 1 1/4 dl socker
- 1/4 kopp vatten

INSTRUKTIONER:

a) Lägg ananasen i en burk(ar) och fyll med vodka; täck och förvara i skafferiet i 2 månader.

b) Sila och filtrera genom ett kaffefilter eller ett durkslag med pappershandduk.

c) Gör en socker- och vattensirap; lägg till ananasvodkan.

SLUTSATS

När vi avslutar vår aromatiska resa genom "AROMEN AV TJECKISKT KÖKET", hoppas vi att du har upplevt glädjen av att utforska dofterna och smakerna som definierar bohemiska kök. Varje arom på dessa sidor är en hyllning till de tröstande traditioner, värme och kulinariska arv som gör det tjeckiska köket till en unik och härlig upplevelse – ett bevis på glädjen som kommer med varje maträtt.

Oavsett om du har njutit av den välsmakande aromen av gulasch, omfamnat sötman av kolacher eller njutit av doften av nybakade bakverk, litar vi på att dessa aromer har antänt din uppskattning för de mångsidiga och inbjudande dofterna av tjeckisk matlagning. Utöver ingredienserna och teknikerna kan "AROMEN AV TJECKISKT KÖKET" bli en inspirationskälla, koppling till kulturella traditioner och en hyllning till glädjen som kommer med varje smakrik skapelse.

När du fortsätter att utforska världen av det tjeckiska köket, må den här boken vara din pålitliga följeslagare, som guidar dig genom en mängd olika aromer som visar upp rikedomen och inbjudande dofterna i bohemiska kök. Här är det till att njuta av de härliga dofterna, återskapa traditionella aromer och omfamna glädjen som kommer med varje tugga. Dobrou chuť! (Smaklig måltid!)